✠ J.M.J. ✠

O LIVRO DE ORAÇÕES DA HORA SANTA

"NÃO PUDESTES VIGIAR UMA HORA COMIGO?"

MEDITAÇÕES E REFLEXÕES

FULTON J. SHEEN

Direitos de autor © 2021 por **Allan J. Smith**

Salvo indicação em contrário, as citações das Escrituras no texto principal são retiradas da edição Douay-Rheims dos Testamentos Antigo e Novo, domínio público. As citações das Escrituras marcadas "KJV" são retiradas da Versão King James. Salvo indicação em contrário, as citações das Escrituras no capítulo "Meditações da Hora Santa" são retiradas da Bíblia Knox, A Santa Bíblia: Uma Tradução da Vulgata Latina à Luz dos Originais Hebraico e Grego por Monsenhor Ronald Knox. Direitos de autor © 1954 Diocese de Westminster. Salvo indicação em contrário. Usado com permissão. Todos os direitos reservados.

Nenhuma parte deste livro pode ser reproduzida, armazenada num sistema de recuperação, ou transmitida de qualquer forma, ou por qualquer meio, eletrónico, mecânico, fotocópia ou outro, sem a prévia autorização escrita do editor, exceto por um crítico, que pode citar breves passagens numa crítica.

Bispo Sheen Hoje

280 Rua João, Midland, Ontário, Canadá, L4R 2J5

www.bishopsheentoday.com

Design da capa por Janika Barman

www.twitter.com/barman_janika

Na capa: Imagem da Sagrada Hóstia na custódia, colocada no altar principal da Catedral de Santa Maria da Imaculada Conceição, em Peoria, Illinois, durante a Adoração Eucarística. (Cortesia de Phillip Lee) www.cdop.org

Dados de catalogação na publicação da Biblioteca do Congresso

Nomes: Sheen, Fulton J. (Fulton John), 1895-1979, autor. | Smith, Allan J., editor.

Sheen, Fulton J. (Fulton John), 1895-1979. A Hora Santa: Leituras e Orações para uma Hora Diária de Meditação. Preparado para o Conselho Nacional dos Homens Católicos. Huntington, IN: Our Sunday Visitor, (1946)

A Armadura de Deus: Reflexões e Orações para Tempos de Guerra. Registado em nome de P. J. Kenedy and Sons sob o número de catálogo da Biblioteca do Congresso: A 174944, após a publicação de 15 de julho de 1943

Smith, Al (Allan J.) editor – Senhor, Ensina-nos a Orar: Uma Antologia de Fulton Sheen. Manchester, New

Hampshire: Sophia Institute Press, 2019, ISBN 9781644130834.

Título: O Livro de Orações da Hora Santa. "Não pudestes vigiar comigo uma hora?" Meditações e Reflexões por Fulton J. Sheen.

Fulton J. Sheen; compilado por Allan J. Smith.

Descrição: Midland, Ontário: Bishop Sheen Today, 2021

Identificadores:

ISBN: 978-1-997627-53-1 (capa mole)

ISBN: 978-1-997627-10-4 (eBook)

ISBN: 978-1-997627-54-8 (capa dura)

Inclui referências bibliográficas.

Temas: Jesus Cristo — A Hora Santa — Oração e Meditação

DEDICADO A

NOSSA SENHORA, TRONO DA SABEDORIA

EM HUMILDE PETIÇÃO

QUE, ATRAVÉS DO TEU

IMACULADO CORAÇÃO,

O MUNDO POSSA ENCONTRAR

O SEU CAMINHO DE REGRESSO AO

SAGRADO CORAÇÃO DE

TEU DIVINO FILHO

Ad maiorem Dei gloriam

inque hominum salutem

Índice

POR QUE FAZER UMA HORA SANTA? 1

COMO FAZER A HORA SANTA 11

PRIMEIRA MEDITAÇÃO - A ENCARNAÇÃO DE NOSSO SENHOR E SALVADOR JESUS CRISTO ... 19

O arrependimento e a confissão de David após o seu pecado 26

SEGUNDA MEDITAÇÃO - COMO CRISTO VIVE EM NÓS HOJE 29

Os Diferentes Efeitos da Natureza e da Graça 36

TERCEIRA MEDITAÇÃO - COMO ESSA VIDA DIVINA SE PERDE E NOSSO FIM FINAL 43

Sobre Considerar a Própria Morte 52

QUARTA MEDITAÇÃO - O DEVER DA NEGAÇÃO DE SI MESMO 59

Sobre o Julgamento e o Castigo dos Pecadores 66

Sobre Estar Determinado a Emendar Toda a Nossa Vida .. 70

QUINTA MEDITAÇÃO - DAR GLÓRIA A DEUS NO MUNDO 73

SEXTA MEDITAÇÃO - A EUCARISTIA, A NECESSIDADE DO NOSSO CORAÇÃO 91

A Alma Devota Deve Ansiar de Todo o Coração pela União com Cristo no Sacramento 101

SÉTIMA MEDITAÇÃO - NOSSA BEM-AVENTURADA MÃE 105

Salve Regina 120

Ave Maria 120

Litania da Bem-Aventurada Virgem Maria 121

ORAÇÕES DE MEDITAÇÃO E PETIÇÃO

Cristo a uma Alma Fiel 131

Oração para Seguir o Exemplo de Jesus Cristo 133

Oração Contra os Maus Pensamentos 135

Oração para o Esclarecimento da Mente 137

Oração pela Caridade e Tolerância 139

Uma Oração Universal 141

Uma Oração da Igreja 145

Oração de São Inácio 146
AGRADECIMENTOS 149
SOBRE O AUTOR 151

POR QUE FAZER UMA HORA SANTA?

O propósito destas meditações é ajudar as almas a alcançarem uma paz interior, meditando uma hora contínua por dia em Deus e no nosso destino imortal. Não importa, de todo, se alguém utiliza estas meditações ou não. Alguns judeus, alguns protestantes e alguns católicos poderão achar isto muito insatisfatório. Se, porém, rejeitarem estas meditações porque desejam fazer a Hora Santa à sua maneira, terão alcançado o seu propósito. O que é vital não é que estas meditações sejam usadas, mas que haja meditação.

Mas por que passar uma hora por dia em meditação? Porque vivemos na superfície das nossas almas, sabendo pouco de Deus ou do nosso eu interior. O nosso conhecimento é maioritariamente sobre coisas, não sobre o destino. A maioria das nossas dificuldades e desilusões na Vida deve-se a erros nos nossos planos de Vida. Tendo esquecido o propósito de viver, duvidámos até do valor de viver. Um osso partido dói porque não está onde deveria estar; as nossas Almas estão em agonia porque não estamos a cuidar da plenitude da Vida, Verdade e Amor, que é Deus.

Mas por que fazer uma Hora Santa? Aqui estão dez razões.

(1) Porque é tempo passado na Presença do Nosso Senhor Jesus Cristo. Se a Fé está viva, não é necessária mais razão.

(2) Porque na nossa vida atarefada leva algum tempo afastar os "demónios do meio-dia", as preocupações mundanas, que se agarram às nossas Almas como pó. Uma Hora com Nosso Senhor segue a experiência dos discípulos no caminho de Emaús (Lucas 24:13-35). Começamos por caminhar com Nosso Senhor, mas os nossos olhos estão "presos" para que não O "reconheçamos". Depois, Ele conversa com a nossa alma, enquanto lemos as Escrituras. A terceira etapa é de doce intimidade, como quando 'Ele se sentou à mesa com eles.' A quarta etapa é o pleno amanhecer do mistério da Eucaristia. Os nossos olhos são "abertos" e reconhecemos Ele. Finalmente, chegamos ao ponto em que não queremos partir. A hora pareceu tão curta. Ao levantarmo-nos, perguntamos:

Não nos ardia o coração dentro de nós, quando Ele nos falava pelo caminho e nos abria as Escrituras? (Lucas 24:32)

(3) Porque Nosso Senhor o pediu.

Não tiveste força, então, para vigiar comigo sequer uma hora? (Mateus 26:40)

A palavra foi dirigida a Pedro, mas Ele é referido como Simão. É a nossa natureza de Simão que necessita da hora. Se a hora parece difícil, é porque... o espírito está pronto, mas a carne é fraca. (Marcos 14:39)

(4) Porque a Hora Santa mantém um equilíbrio entre o espiritual e o prático. As filosofias ocidentais tendem a um ativismo em que Deus nada faz, e o homem tudo; as filosofias orientais tendem a um quietismo em que Deus faz tudo, e o homem nada. O meio-termo dourado está nas palavras de São Tomás: "ação seguindo o repouso," Marta caminhando com Maria. A Hora Santa une o contemplativo à vida ativa da pessoa.

Graças à hora com Nosso Senhor, as nossas meditações e resoluções passam do consciente ao subconsciente e depois tornam-se motivos de ação. Um novo espírito começa a impregnar o nosso trabalho. A mudança é operada por Nosso Senhor, que enche o nosso coração e trabalha através das nossas mãos. Uma pessoa só pode dar aquilo que possui. Para dar Cristo aos outros, é necessário possuí-Lo.

(5) Porque a Hora Santa nos fará praticar o que pregamos.

Aqui está uma imagem, disse Ele, do reino dos Céus; Era uma vez um rei que realizou um banquete de casamento para o seu Filho e enviou os seus servos com um convite para todos aqueles que tinha convidado para o casamento; mas eles não quiseram vir. (Mateus 22:2, 3)

Estava escrito acerca de Nosso Senhor que Ele 'começou a fazer e a ensinar' (Atos 1:1). A pessoa que pratica a Hora Santa descobrirá que, quando ensinar, o povo dirá dele como do Senhor:

Todos... ficaram admirados com as palavras de graça que saíam da Sua boca. (Lucas 4:22)

(6) Porque a Hora Santa nos ajuda a fazer reparação tanto pelos pecados do mundo como pelos nossos próprios. Quando o Sagrado Coração apareceu a Santa Margarida Maria, foi o Seu Coração, e não a Sua Cabeça, que foi coroado de espinhos. Foi o Amor que foi ferido. Missas negras, comunhões sacrílegas, escândalos, ateísmo militante – quem os reparará? Quem será um Abraão para Sodoma, uma Maria para aqueles que não têm vinho? Os pecados do mundo são os nossos pecados, como se os tivéssemos cometido. Se causaram a Nosso Senhor um suor sangrento, a ponto de Ele

repreender os Seus discípulos por não permanecerem com Ele uma hora, acaso nós, como Caim, perguntaremos:

Porventura sou eu o guardador do meu irmão?

(Gn. 4:9)

(7) Porque reduz a nossa responsabilidade perante a tentação e a fraqueza. Apresentar-nos diante de Nosso Senhor no Santíssimo Sacramento é como colocar um tuberculoso em ar puro e luz solar. O vírus dos nossos pecados não pode subsistir por muito tempo diante da Luz do mundo.

Sempre posso manter o Senhor à vista; sempre Ele está à minha direita, para me firmar. (Salmo 15:8)

Os nossos impulsos pecaminosos são impedidos de surgir pela barreira erguida diariamente pela Hora Santa. A nossa vontade torna-se inclinada para o bem com pouco esforço consciente da nossa parte. Satanás, o leão que ruge, não foi permitido estender a sua mão para tocar no justo Jó até que recebeu permissão (Jó 1:12). Certamente então o Senhor reterá a queda grave daquele que vigia (1 Cor. 10:13). Com plena confiança no seu Senhor Eucarístico, a pessoa terá uma resiliência espiritual. Ele recuperará rapidamente após uma queda: Caio, é apenas para me levantar novamente; sento-me na escuridão, o Senhor será a minha luz. A indignação do

Senhor devo suportar, eu que pequei contra Ele, até que, por fim, Ele aceite a minha súplica e conceda reparação. (Miquéias 7:8, 9)

O Senhor será favorável mesmo ao mais fraco de nós, se nos encontrar aos Seus pés em adoração, dispondo-nos a receber as graças Divinas. Mal Saulo de Tarso, o perseguidor, se humilhou diante do seu Criador, Deus enviou um mensageiro especial para o seu socorro, dizendo-lhe que 'ainda agora Ele está nas suas orações' (Atos 9:11). Mesmo a pessoa que caiu pode esperar consolo se vigiar e orar.

Eles aumentarão, os que até agora diminuíram, serão exaltados, os que antes foram humilhados. (Jer. 30:19, 20)

8) Porque a Hora Santa é uma oração pessoal, a pessoa que se limita estritamente à sua obrigação oficial é como o operário sindical que para de trabalhar no momento em que soa o apito. O Amor começa quando o dever termina. É dar o manto quando o casaco é retirado. É percorrer a milha extra.

A resposta virá antes que o clamor por socorro seja proferido; a oração encontra audiência enquanto ainda está nos seus lábios. (Isa. 65:24)

Claro que não temos de fazer uma Hora Santa – e esse é precisamente o ponto. O Amor nunca é compelido, exceto no

Inferno. Lá o Amor tem de se submeter à Justiça. Ser forçado a amar seria uma espécie de Inferno. Nenhum homem que ama uma mulher está obrigado a dar-lhe um anel de noivado, e nenhuma pessoa que ama o Sagrado Coração alguma vez tem de dar uma Hora de noivado.

"Também tu irias embora?" (João 6:68) é *weak* amor; "Estás a dormir?" (Marcos 14:37) é *irresponsible* amor; "Ele tinha grandes posses" (Mat. 19:22; Marcos 10:22) é *selfish* amor. Mas terá a pessoa que ama o Seu Senhor tempo para outras atividades antes de realizar atos de amor "para além do dever"? O paciente ama o médico que cobra por cada consulta, ou começa a amar quando o médico diz: "Passei só para ver como estavas"?

(9) A meditação impede-nos de procurar uma fuga externa às nossas preocupações e misérias. Quando surgem dificuldades, quando os nervos se tornam tensos por falsas acusações, há sempre o perigo de olharmos para fora, como fizeram os israelitas, em busca de libertação.

Do Senhor Deus, o Santo de Israel, foi-te dada a palavra: volta e fica quieto, e tudo te correrá bem; Na quietude e na confiança reside a tua força. Mas tu não quiseste nada disso; Ao cavalo! gritaste, devemos fugir! e fugir hás-de; Devemos cavalgar rapidamente, disseste, mas ainda mais rápido cavalguem os teus perseguidores. (Isa. 30:15, 16)

Nenhuma fuga exterior, nem prazer, bebida, amigos ou ocupação, é uma resposta. A alma não pode "voar num cavalo"; deve tomar "asas" para um lugar onde a sua "vida está escondida ... com Cristo em Deus" (Col. 3:3).

(10) Finalmente, porque a Hora Santa é necessária para a Igreja. Ninguém pode ler o Antigo Testamento sem se tornar consciente da presença de Deus na história. Quantas vezes Deus usou outras nações para castigar Israel pelos seus pecados! Fez da Assíria a "vara que executa a minha vingança" (Isa. 10:5). A história do mundo desde a Encarnação é o Caminho da Cruz. A ascensão e queda das nações permanecem relacionadas com o Reino de Deus. Não podemos compreender o mistério do governo de Deus, pois é o "livro selado" do Apocalipse. João chorou quando o viu (Apoc. 5:4). Ele não conseguia compreender por que este momento de prosperidade e aquela hora de adversidade.

A única exigência é a aventura da fé, e a recompensa são as profundezas da intimidade para aqueles que cultivam Sua amizade. Permanecer com Cristo é comunhão espiritual, como Ele insistiu na noite solene e sagrada da Última Ceia, o momento em que escolheu dar-nos a Eucaristia:

Tu só tens de permanecer em mim, e Eu permanecerei em ti. (João 15:4)

Ele quer-nos em Sua morada: Que também vós estejais onde Eu estou. (João 14:3)

COMO FAZER A HORA SANTA

Nada te impeça de orar sempre e não temas ser justificado até à morte, pois as recompensas de Deus duram para sempre. Antes da oração, prepara a tua alma; e não sejas como o homem que tenta Deus" (Sir. 18; 22-23).

A oração é o elevar da nossa alma a Deus com o fim de corresponder perfeitamente à Sua Santa Vontade. Nosso Divino Senhor, descrevendo Sua Missão, disse: "Porque desci do céu, não para fazer a minha vontade, mas a vontade daquele que me enviou ... o Pai, para que eu não perca nada do que Ele me deu, mas que eu o ressuscite no último dia" (João 6:38, 39). "A minha comida é fazer a vontade daquele que me enviou e cumprir a sua obra" (João 4:34).

Para corresponder à Vontade Divina, devemos, antes de tudo, conhecê-la e, em segundo lugar, possuir a graça e a força para corresponder a ela, uma vez conhecida. Mas, para alcançar estes dois dons — luz para a nossa mente e poder para a nossa vontade — devemos viver em íntima amizade com Deus. Isto realiza-se através da oração. Uma vida de oração é, portanto, uma vida vivida em conformidade com a Santa Vontade de Deus, assim como uma vida sem oração é uma vida de vontade própria e egoísmo.

Há um elemento de oração comum a judeus, protestantes e católicos, nomeadamente a crença em Deus. Mais da metade das orações, por exemplo, que um sacerdote recita no seu Ofício Divino, são retiradas do Antigo Testamento. Em relação a todos os três — judeus, protestantes e católicos —; Uma Hora Santa será, portanto, entendida como uma hora diária dedicada à meditação sobre Deus e a nossa salvação eterna. Esta Hora Santa pode ser feita em qualquer lugar.

Para os católicos, contudo, a Hora Santa possui um significado muito especial. Significa uma hora contínua e ininterrupta passada na presença do Nosso Divino Senhor na Eucaristia; pelo que uma meditação sobre a Bem-Aventurada Eucaristia foi incluída como uma destas meditações neste livro.

No caso dos sacerdotes e religiosos, sugere-se que façam esta Hora Santa para além da sua recitação habitual do Ofício Divino e da Santa Missa.

Esta Hora Santa será passada em oração e meditação. Aqui faz-se uma distinção entre ambos, com ênfase no último. Por oração, entendemos aqui a recitação de orações formais, geralmente compostas por uma pessoa diferente daquela que ora.

Os Salmos representam uma das formas mais elevadas de oração vocal e são comuns a judeus, protestantes e católicos. Outras orações vocais incluem o Pai Nosso, a Ave Maria, o Credo, o Confiteor, os Atos de Fé, Esperança e Caridade, e milhares de outras orações encontradas em livros religiosos. Existem três tipos de atenção na oração vocal: (1) às palavras, para que não as digamos incorretamente; (2) ao seu sentido e significado; e (3) a Deus e à intenção pela qual oramos. O último tipo de atenção é essencial para a oração vocal.

Mas o principal propósito destas meditações da Hora Santa é o cultivo da oração mental ou meditação. Muito poucas almas meditam verdadeiramente; ou são assustadas pela palavra ou nunca lhes foi ensinada a sua existência. Na ordem humana, uma pessoa apaixonada está sempre consciente daquele que ama, vive na presença do outro, resolve fazer a vontade do outro e considera a sua maior inveja ser ultrapassada na menor vantagem de entrega de si mesmo.

Aplique isto a uma alma apaixonada por Deus, e terá os rudimentos da meditação.

A meditação é, portanto, uma espécie de comunhão do espírito com o espírito, tendo Deus como seu objeto. Sem tentar estabelecer os aspetos formais da meditação, mas para torná-la o mais inteligível possível para os principiantes, a técnica da meditação é a seguinte:

(1) Falamos com Deus: Começamos por colocar-nos na presença de Deus. Para aqueles que fazem a Hora Santa diante do Santíssimo Sacramento, deve haver a consciência da nossa presença diante do Corpo, Sangue, Alma e Divindade de Nosso Senhor e Salvador Jesus Cristo. Naturalmente, existem vários graus de intimidade com as pessoas. Num teatro, estão presentes centenas de pessoas, mas há pouca ou nenhuma intimidade entre elas. A intimidade aprofunda-se na medida em que estabelecemos conversa com uma ou mais delas, e conforme essa conversa nasce de um interesse comum. Assim é com Deus.

A oração, então, não é um mero pedido de coisas, mas uma aspiração a uma transformação; isto é, um tornar-se «conforme à imagem do seu Filho» (Rom. 8:29). Não oramos para dispor Deus a dar-nos algo, mas para nos dispormos a receber algo d'Ele: a plenitude da Vida Divina.

(2) Deus fala-nos: A actividade não está apenas do lado humano, mas também do Divino. Uma conversa é uma troca, não um monólogo. À medida que a alma deseja aproximar-se de Deus, Deus deseja aproximar-se da alma. Seria errado monopolizar a conversa com os amigos; é ainda mais errado fazê-lo nas nossas relações com Deus. Não devemos ser os únicos a falar; devemos também ser bons ouvintes. "Fala, Senhor, porque o teu servo ouve" (1 Reis 3:9).

A alma agora experimenta a Verdade das palavras "Chegai-vos a Deus, e Ele se chegará a vós" (Tiago 4:8). Durante toda a meditação, conceberá afeições devotas de adoração, petição, Sacrifício e Reparação a Deus, mas particularmente no final da meditação. Estas afeições ou coloquios devem ser oferecidos preferencialmente na nossa própria língua, pois cada alma deve fazer o seu próprio Amor a Deus, e Deus ama cada alma de maneira particular.

"No princípio, a alma atraída a Jesus por algum impulso da Graça, vem a Ele, cheia de pensamentos e aspirações naturais, e muito ignorante do sobrenatural. Não compreende nem Deus nem a si mesma. Tem algumas relações íntimas com a Divindade, fora de si mesma e dentro de si mesma, mas começa a conversar com Jesus. Se persistir na frequência da Sua companhia, o Senhor gradualmente toma uma parte cada vez maior na conversa e começa a iluminar a alma. Na sua contemplação dos mistérios da Fé, Ele ajuda-a a penetrar para além das palavras, factos e símbolos, até então conhecidos apenas superficialmente, e a compreender o sentido interior das verdades sobrenaturais contidas nesses factos, palavras ou símbolos. As Escrituras são gradualmente abertas à alma. Os textos conhecidos começam a adquirir um significado novo e mais profundo. Expressões familiares transmitem um conhecimento que a alma se admira de nunca antes ter descoberto nelas. Toda esta nova luz é dirigida a proporcionar uma compreensão mais plena e perfeita dos mistérios da nossa Fé, que são os mistérios da Vida de Jesus" (Leen, *Progress Through Mental Prayer*, p. 29. Sheed & Ward).

Não leias estas meditações como se fossem uma narrativa. Lê lentamente algumas linhas; fecha o livro; reflete sobre a Verdade nelas contida; aplica-as à tua própria Vida; fala com Deus sobre o quanto pouco correspondeste à Sua Vontade, e o quanto anseias fazê-lo; ouve Deus a falar à tua Alma; faz atos de Fé, Esperança e Amor a Deus, e só quando esse encadeamento de pensamentos estiver esgotado deves passar à ideia seguinte. Uma única Hora Santa não requer necessariamente a leitura de um capítulo deste livro. Se se meditar bem, um único capítulo deve fornecer pensamentos para muitas Horas Santas.

Quando este livro de meditações estiver esgotado, toma as Sagradas Escrituras, algum livro verdadeiramente espiritual, ou a vida de um santo, e usa-o para inspiração e meditação.

PRIMEIRA MEDITAÇÃO
A ENCARNAÇÃO DE NOSSO SENHOR E SALVADOR JESUS CRISTO

Amor é naturalmente expansivo, mas o Amor Divino é criativo. O Amor revelou o segredo da sua bondade ao nada, e isso foi a criação. O Amor fez algo semelhante à sua própria imagem e semelhança, e isso foi o homem. O Amor é pródigo nos seus dons, e isso foi a elevação do homem à filiação adotiva de Deus. O Amor deve sempre correr o risco de não ser amado em retorno, pois o Amor é livre. O coração humano recusou devolver esse Amor da única maneira pela qual o Amor pode ser manifestado, ou seja, pela confiança e fé num momento de provação. O homem, assim, perdeu os dons de Deus, obscureceu o seu intelecto, enfraqueceu a sua vontade e trouxe o primeiro ou original pecado ao mundo, pois o pecado é, em última análise, uma recusa em amar.

Foi a recusa do homem em amar o melhor que criou o problema mais difícil em toda a história da humanidade, nomeadamente o problema de restaurar o homem ao favor do

Amor Divino. Em suma, o problema era este: o homem pecou, mas o seu pecado não foi meramente uma rebelião contra outro homem, mas uma revolta contra o Amor Infinito de Deus. Portanto, o seu pecado foi infinito.

Tal é um dos lados do problema. O outro lado é este: Toda infração ou violação de uma Lei exige reparação ou expiação. Como Deus é Amor Infinito, Ele poderia perdoar o homem e esquecer a ofensa, mas o perdão sem compensação eclipsaria a Justiça, que é a Natureza de Deus. Sem estabelecer quaisquer limites à Misericórdia de Deus, compreender-se-ia melhor a Sua ação se a Sua misericórdia fosse precedida por uma satisfação pelo pecado, pois nunca se pode ser misericordioso sem ser justo. A Misericórdia é o transbordar da Justiça.

Mas, assumindo que o homem devesse dar satisfação, poderia ele satisfazer adequadamente pelo seu pecado? Não, porque a satisfação, reparação ou expiação que o homem tinha de oferecer era apenas finita.

O homem, que é finito, deve uma dívida infinita. Mas como pode um homem que deve um milhão pagar a dívida com um cêntimo? Como pode o humano expiar ao Divino? Como podem a Justiça e a Misericórdia ser reconciliadas? Se alguma vez houver de ser feita satisfação pela queda do homem, o finito e o infinito, o humano e o divino, Deus e o homem, devem de algum modo estar ligados. Não bastaria que Deus sozinho descesse e sofresse como Deus sozinho; pois então, Ele não teria nada em comum com o homem; o pecado não seria de Deus, mas do homem. Não bastaria que o homem sozinho sofresse ou expiasse, porque o mérito dos seus sofrimentos seria apenas finito. Se a satisfação fosse completa, duas condições teriam de ser cumpridas: o homem teria de ser homem para agir como homem e expiar; o homem teria de ser Deus para que os seus sofrimentos tivessem um valor infinito. Mas para que o finito e o infinito não atuassem como duas personalidades distintas, e para que resultasse mérito infinito do sofrimento do homem, Deus e o homem teriam de se tornar de algum modo um só, ou seja, teria de haver um Deus-homem. Se a Justiça e a Misericórdia tivessem de ser reconciliadas, teria de haver uma Encarnação, o que significa Deus assumindo uma natureza humana de tal modo que Ele fosse verdadeiro Deus e verdadeiro homem. Teria de haver uma união de Deus e do homem, e essa união ocorreu no nascimento do nosso Senhor e Salvador, Jesus Cristo.

O amor tende a tornar-se semelhante àquele que é amado; De facto, deseja até tornar-se um com aquele que é amado.

Deus amou o homem indigno. Ele quis tornar-se um com ele, e essa foi a Encarnação. Numa noite, sobre a serenidade de uma brisa vespertina, sobre as colinas brancas de giz de Belém, ouviu-se um clamor, um clamor suave. O mar não ouviu o clamor, pois estava cheio da sua própria voz. A terra não ouviu o clamor, pois dormia. Os grandes homens da terra não ouviram o clamor, pois não podiam compreender como uma criança poderia ser maior do que um homem. Os Reis da terra não ouviram o clamor, pois não conseguiam imaginar como um Rei poderia nascer numa estrebaria. Havia apenas duas classes de homens que ouviram o clamor naquela noite: Pastores e Sábios. Pastores: aqueles que sabem que nada sabem. Sábios: aqueles que sabem que não sabem tudo. Pastores: homens pobres e simples que só sabiam cuidar dos seus rebanhos, que talvez não soubessem dizer quem era o Governador da Judeia; que, talvez, não conhecessem uma única linha de Virgílio, embora não houvesse romano que não pudesse citá-lo. Por outro lado, estavam os Magos; não Reis, mas mestres dos Reis; homens que sabiam ler as estrelas, para contar a história dos seus movimentos; homens que estavam constantemente empenhados na descoberta. Ambos ouviram o clamor. Os Pastores encontraram o seu Pastor; os Magos descobriram a Sabedoria. E o Pastor e a Sabedoria era um Menino numa manjedoura.

Aquele que nasce sem mãe no Céu nasce sem pai na terra. Aquele que fez a Sua mãe nasce da Sua mãe. Aquele que fez toda a carne nasce da carne. "O pássaro que construiu o ninho nasce nele." Criador do sol, sob o sol; Modelador da terra, sobre a terra; Inefavelmente Sábio, um pequeno infante; enchendo o mundo, deitado numa manjedoura; governando as estrelas, mamando um seio; a alegria do Céu chora, Deus torna-se homem; Criador, criatura. Rico torna-se pobre; Divindade, encarnada; Majestade, subjugada; Liberdade, cativa; Eternidade, tempo; Mestre, servo; Verdade, acusada; Juiz, julgado; Justiça, condenada; Senhor, flagelado; Poder, amarrado com cordas; Rei, coroado de espinhos; Salvação, ferida; Vida, morta. "O Verbo Eterno está mudo." Maravilha das maravilhas! União das uniões! Três uniões misteriosas em uma; Divindade e humanidade; Virgindade e fecundidade; Fé e o coração do homem.

É necessário um Ser Divino, Infinito, para usar os próprios instrumentos da derrota como instrumentos da vitória. A queda ocorreu por três realidades: Primeiro, um homem desobediente: Adão. Segundo, uma mulher orgulhosa: Eva. Terceiro, uma árvore. A reconciliação e redenção do homem vieram por meio destes mesmos três. Pois, para o homem desobediente, Adão, houve o novo Adão obediente da raça humana, Cristo; para a orgulhosa Eva, houve a humilde Maria; e para a árvore, a Cruz.

Nosso Senhor não percorreu a terra eternamente, dizendo às pessoas platitudes sobre a Verdade. Ele não se limitou a explicar a Verdade, a derrota, a resignação e o sacrifício. Todos os outros faziam isso. O objetivo que Ele buscava era a morte. Do princípio ao fim, apenas uma visão estava diante dos Seus olhos – Ele iria morrer. Não morrer porque não podia evitar, mas morrer porque assim o quis. A morte não foi um incidente na Sua missão; não foi um acidente no Seu plano – foi o único negócio que Ele tinha para realizar. Durante toda a Sua vida redentora, Ele aguardava a Sua morte redentora. Ele antecipou o derramamento do Seu sangue no Calvário pela Sua circuncisão aos oito dias de idade. No início do Seu ministério público, a Sua presença inspirou João a clamar aos seus discípulos no Jordão: "Eis o Cordeiro de Deus" (João 1:29). Ele respondeu à confissão da Sua Divindade por Pedro em Cesaréia de Filipe que Ele "deve sofrer muitas coisas dos anciãos, dos escribas e dos principais sacerdotes, e ser morto, e ao terceiro dia ressuscitar" (Mat. 16:21); os dias pesados como chumbo fizeram-No clamar com bela impaciência:

"Tenho um baptismo com que ser baptizado; e quão angustiado estou até que se cumpra!" (Lc. 12:50). Ao membro do Sinédrio que buscava um sinal, Ele anunciou a Sua morte na Cruz. Respondeu: "E assim como Moisés levantou a serpente no deserto, assim importa que o Filho do Homem seja levantado, para que todo aquele que nele crê não pereça, mas tenha vida eterna" (João 3:14-15). Aos fariseus, que eram como ovelhas sem pastor, Ele disse: "Eu sou o bom pastor. O Bom Pastor dá a Sua vida pelas Suas ovelhas . . . e Eu dou a Minha vida pelas Minhas ovelhas . . . Ninguém a tira de Mim, mas Eu a dou por Minha própria vontade. Tenho poder para a dar e tenho poder para a retomar novamente. Este é o mandamento que recebi do Meu Pai" (João 10:11, 16, 18). A todos os homens de todos os tempos que poderiam esquecer que Ele veio como Nosso Redentor e Salvador, Ele dirige as palavras mais ternas que alguma vez foram ouvidas nesta terra pecadora: "Porque Deus amou o mundo de tal maneira que deu o Seu Filho unigénito, para que todo aquele que Nele crê não pereça, mas tenha vida eterna. Porque Deus não enviou o Seu Filho ao mundo para julgar o mundo, mas para que o mundo fosse salvo por Ele" (João 3:16-17).

O Arrependimento e a Confissão
De David Depois do Seu Pecado

Tem misericórdia de mim, ó Deus, segundo a tua grande Misericórdia. E, segundo a multidão das tuas ternas misericórdias, apaga a minha iniquidade. Lava-me ainda mais da minha iniquidade e purifica-me do meu pecado. Pois eu conheço a minha iniquidade, e o meu pecado está sempre diante de mim. Só a Ti pequei e fiz o mal diante de Ti: para que sejas justificado nas tuas palavras e venças quando fores julgado. Eis que fui concebido em iniquidades, e em pecados me concebeu minha mãe. Pois eis que amaste a Verdade: as coisas incertas e ocultas da tua sabedoria fizeste manifestas a mim. Tu me aspergirás com hissopo, e serei purificado; lavar-me-ás, e ficarei mais branco do que a neve. À minha audição darás alegria e júbilo; e os ossos que foram abatidos se alegrarão. Desvia de mim o rosto dos meus pecados e apaga todas as minhas iniquidades. Cria em mim, ó Deus, um coração puro e renova em mim um espírito reto. Não me lances fora da tua presença, nem retires de mim o teu Espírito Santo. Restitui-me a alegria da tua salvação e fortalece-me com um espírito generoso. Ensinarei aos injustos os teus caminhos, e os pecadores converter-se-ão a Ti. Livra-me do sangue, ó Deus, Deus da minha salvação, e a minha língua proclamará a tua justiça. Ó Senhor, abrirás os meus lábios, e a minha boca anunciará o teu louvor. Se desejasses sacrifício, eu certamente o daria; com holocaustos não te agradarias. O sacrifício a Deus é um espírito quebrantado; um coração contrito e humilhado, ó Deus, não desprezarás. Faze, Senhor, segundo a tua boa vontade em Sião; para que os muros de Jerusalém sejam reconstruídos. Então aceitarás o sacrifício da justiça, as oblatas e os holocaustos inteiros: então colocarão bezerros sobre o teu altar" (Sl. 50:3-21).

Oração de Santo Agostinho

(Do Raccolta)

"Senhor Jesus, que eu me conheça a mim mesmo e Te conheça a Ti. E que nada deseje senão somente a Ti. Que eu me odeie a mim mesmo e Te ame a Ti. Que eu faça tudo por amor a Ti. Que eu me humilhe e Te exalte. Que eu não pense em nada senão em Ti. Que eu morra para mim mesmo e viva em Ti. Que eu receba tudo o que acontecer como vindo de Ti. Que eu afaste o ego e Te siga a Ti. E que deseje sempre seguir-Te. Que eu fuja de mim mesmo e corra para Ti, para que mereça ser defendido por Ti. Que eu tema por mim mesmo e tema a Ti e esteja entre os escolhidos por Ti. Que eu desconfie de mim mesmo e confie em Ti. Que eu esteja disposto a obedecer por amor a Ti. Que eu não me apegue a nada senão a Ti. Que eu seja pobre por amor a Ti. Olha para mim para que eu Te ame. Chama-me para que eu Te veja, e para que Te desfrute para sempre e eternamente. Amém."

SEGUNDA MEDITAÇÃO
COMO CRISTO VIVE EM NÓS HOJE

Com que frequência ouvimos almas lamentarem que estão tão distantes da Galileia e tão afastadas de Jesus. O mundo está cheio de homens e mulheres que pensam em Nosso Senhor única e exclusivamente em termos do que os seus olhos podem ver, os seus ouvidos podem ouvir e as suas mãos podem tocar. Quantos são aqueles que, partindo da verdade de que Ele foi um grande Mestre de influência imperativa que caminhou sobre a terra há 2.000 anos, reúnem os detalhes da paisagem do lago e das colinas da Galileia, e usam a sua imaginação para melhor retratar as circunstâncias exatas da Sua vida terrena; mas aqui termina a apreciação da Sua vida. Habitualmente aprenderam a pensar n'Ele como alguém que pertence à história humana, como César, Washington ou Maomé; pensam n'Ele como alguém que viveu na terra e faleceu. Mas onde Ele está, qual é a Sua natureza, se pode agir sobre nós agora, se pode ouvir-nos, ser abordado por nós, são pensamentos que são desdenhosamente rejeitados como pertencentes à categoria de abstrações teológicas e dogmas tolos. Estas mesmas almas podem seguir o Seu exemplo em tal ou qual ocasião, aplicar as Suas Bem-aventuranças a esta ou aquela circunstância da sua vida, contemplar a Sua vida como um grande Sacrifício e inspiração; mas além disso, Cristo nada significa para elas. Ele é o maior homem que alguma vez viveu, mas não é mais do que isso. De facto, estão entre aqueles de quem São Paulo disse que conhecem Cristo apenas segundo a carne.

Deve admitir-se que a presença sensível e visível contínua do Nosso Salvador teria sido uma inspiração constante para as nossas vidas, mas não devemos esquecer que Ele próprio disse na noite antes de morrer: «Convém que Eu vá» (João 16:7). Palavras estranhas, estas. Por que deveriam ser pronunciadas num momento em que Ele havia afastado os corações dos Seus Apóstolos das suas redes, barcos e mesas habituais, e os havia entrelaçado tão intimamente ao Seu próprio Sagrado Coração? Como poderia ser conveniente para eles que Ele partisse? Foi conveniente para Ele partir para que pudesse estar mais perto de nós. Esta é a razão que Ele próprio deu para a Sua partida: «Porque, se Eu não for, o Advogado não virá a vós; mas, se Eu for, Eu vo-lo enviarei...» por um pouco de tempo e não Me vereis mais; e outra vez, por um pouco de tempo, e Me vereis porque Eu vou para o Pai... Eu voltarei a ver-vos, e o vosso coração se alegrará; e a vossa alegria ninguém vo-la tirará» (João 16:7-8, 16, 22).

Nestes solenes dizeres proferidos na véspera da Sua crucificação, Ele declarou explicitamente que regressava às insondáveis profundezas da Vida do Seu Pai, de onde viera, mas a Sua partida não os deixaria órfãos, pois Ele voltaria de uma nova maneira; nomeadamente, pelo Seu Espírito. Nosso Senhor estava aqui a dizer, de forma equivalente, que, se permanecesse na terra na Sua vida física, seria apenas um exemplo a ser imitado; mas se Ele foi para o Seu Pai e enviou o Seu Espírito, então Ele seria uma Vida a ser vivida. Se Ele permanecesse na terra, teria sempre estado fora de nós, externo a nós; uma Voz externa, uma Vida externa, um Exemplo eterno – nunca poderia ser possuído senão por um abraço.

Mas, uma vez que Ele ascendeu ao Céu e se sentou à direita do Pai na Glória que Lhe pertence, então poderia enviar o Seu Espírito às nossas almas, para que estivesse conosco não como uma Pessoa externa, mas como uma Alma viva; então não seria apenas um mero algo mecânico a ser copiado, mas um algo vital a ser reproduzido, não um algo externo a ser retratado nas nossas vidas, mas um algo vivo a ser desenvolvido dentro de nós. A Sua ascensão ao Céu e o envio do Seu Espírito tornam possível que Ele se una totalmente a nós, que tome a Sua morada conosco, corpo e sangue, alma e divindade, e que seja, no sentido mais estrito do termo, «Cristo em nós». Foi, portanto, conveniente que Ele partisse. Caso contrário, pertenceria à história e a um país. Agora pertence aos homens.

Graças ao Seu Espírito Invisível, que Ele envia para o Seu Corpo Místico, Cristo vive agora na terra tão realmente e verdadeiramente como vivia na Galileia há vinte séculos. Em certo sentido, Ele está mais próximo de nós agora do que então, pois o Seu próprio corpo naquela época fazia com que Ele estivesse exterior a nós, mas, graças ao Seu Espírito, Ele pode agora viver em nós como a própria Alma da nossa alma, o próprio Espírito do nosso espírito, a Verdade da nossa mente, o Amor do nosso coração e o Desejo da nossa vontade. Assim, a vida de Cristo é transferida pelo Espírito da região dos estudos puramente históricos, que investigamos com a nossa razão, para o domínio da experiência espiritual, onde Ele fala diretamente à nossa alma. Pode ter sido uma grande consolação para a mulher cananeia tocar a orla do Seu manto, para Madalena beijar os Seus pés, para João reclinar-se no Seu peito na noite da Última Ceia, mas todas estas intimidades são exteriores. Têm grande força e apelo porque são sensíveis, mas nenhuma delas pode sequer aproximar-se vagamente da união, da intimidade que provém de possuir Cristo interiormente, graças ao Seu Espírito Santo. As maiores alegrias da vida são aquelas que provêm da unidade. Nunca alcançamos a altura da unidade até que haja uma fusão de amores, de pensamentos e de desejos, uma unidade tão profunda que pensamos com aquele que amamos, amamos com aquele que amamos, desejamos o que Ele deseja; E essa unidade encontra a sua perfeição quando a alma se torna uma com o Espírito de Cristo, que é o Espírito de Deus. As alegrias que provêm das amizades humanas, mesmo as mais nobres, são apenas sombras e ternas reflexões da alegria de uma alma possuída pelo Espírito de Cristo. Eleva a felicidade humana, que nasce da união com aquele amado, ao ponto extremo que o coração pode suportar, e mesmo isso é apenas uma centelha comparada à Grande Chama do Espírito de Cristo ardendo numa alma que O ama.

O que é precisamente esta vida de Cristo na alma batizada? É a graça, um dom sobrenatural concedido a nós pelos méritos de Jesus Cristo para a nossa salvação.

Toda a ordem da criação nos oferece uma analogia da qualidade do dom da graça. Se uma pedra, por exemplo a rocha de Gibraltar, de repente florescesse, seria algo que transcende a sua natureza. Se uma rosa um dia se tornasse consciente, e visse, sentisse e tocasse, seria um ato supranatural – um ato totalmente indevido à natureza da rosa enquanto tal. Se um animal se lançasse num processo de raciocínio e proferisse palavras de sabedoria, seria um ato supranatural, pois não está na natureza do animal ser racional. Assim também, mas de forma muito mais rigorosa, se o homem, que por natureza é criatura de Deus, se torna filho de Deus, membro da família da Trindade, e irmão de Jesus Cristo, é um ato sobrenatural para o homem, e um dom que ultrapassa todas as exigências e poderes da sua natureza, ainda mais do que florescer ultrapassa a natureza e os poderes do mármore.

A graça faz do homem uma «nova criatura», infinitamente superior à sua condição anterior, mais do que um animal seria se falasse com a sabedoria de Sócrates. Não há nada em toda a criação como esse dom pelo qual Deus chama o homem de filho, e o homem chama Deus de «Pai». A diferença entre a mera vida humana e a vida humana tornada deiforme pela graça não é de desenvolvimento, mas de geração. A fonte da vida, em ambos os casos, é tão diferente quanto a Paternidade humana e Divina. A distância que separa alguns minerais do reino vegetal pode ser apenas a espessura de um fio de cabelo – mas a distância que separa a vida humana da Vida Divina é infinita. "Ninguém pode passar dali daqui."

O mundo, aos olhos de Deus, está dividido em duas classes: os filhos dos homens e os filhos de Deus. Todos são chamados a ser filhos de Deus, mas nem todos aceitam o dom dignamente, acreditando que, se tomassem Cristo como sua porção, não teriam mais nada além disso. É esquecer que o todo contém as partes e que, na Vida Perfeita, temos as alegrias da vida finita em grau infinito. Ambos os tipos de filhos nascem, um segundo a carne, o outro segundo o Espírito. "O que é nascido da carne é carne; e o que é nascido do Espírito é espírito" (João 3:6). Nascer da carne incorpora-nos na vida de Adão; nascer do Espírito – das águas do Espírito Santo – incorpora-nos na Vida de Cristo. Os filhos de Deus são duas vezes nascidos; os filhos dos homens nascem uma vez. Há mais diferença entre duas almas nesta terra, uma no estado de graça e a outra fora desse estado, do que entre duas almas, uma no estado de graça nesta vida e a outra gozando da bem-aventurança eterna do Céu. A razão é que a graça é o germe da glória, e algum dia florescerá em glória, assim como a bolota algum dia se tornará carvalho. Mas a alma não possuída pela graça não tem tais potências em si.

"Amado," diz São João, "agora somos filhos de Deus, e ainda não se manifestou o que havemos de ser. Sabemos que, quando Ele se manifestar, seremos semelhantes a Ele, porque O veremos tal como Ele é" (1 João 3:2).

Os Diferentes Efeitos da Natureza e da Graça

Tomás de Kempis

Imitação de Cristo, Livro III, Capítulo 54

"Filho, observa diligentemente os movimentos da natureza e da graça; pois movem-se por caminhos muito opostos, e muito subtilmente, e dificilmente podem ser distinguidos senão por um homem espiritual, e por aquele que está iluminado interiormente.

"Todos os homens, de facto, aspiram ao bem, e pretendem algo de bom no que fazem e dizem; por isso, sob a aparência do bem, muitos são enganados.

"*A natureza* é astuta, e afasta muitos; prende-os, engana-os, e sempre se propõe a si mesma como fim;

"Mas *a graça* caminha com simplicidade, afasta-se de toda aparência de mal, não oferece enganos, e faz todas as coisas puramente por Deus, em quem também repousa como no seu último fim.

"*A natureza* não quer ser mortificada, nem ser restringida, nem ser vencida, nem ser sujeita; nem se deixa dominar por sua própria vontade;

"Mas *graça* estuda a mortificação do seu próprio eu, resiste à Sensualidade, procura ser sujeita, deseja ser vencida, não visa seguir a sua própria liberdade, ama ser mantida sob disciplina e não deseja ter comando sobre ninguém; mas sob Deus, viver, permanecer e estar sempre; e por amor de Deus está sempre pronta a humilhar-se sob todas as criaturas humanas.

"*Natureza* trabalha para o seu próprio interesse e pensa no ganho que pode obter dos outros:

"Mas *graça* não considera o que pode ser vantajoso e proveitoso para si mesma, mas antes o que pode ser proveitoso para muitos.

"*Natureza* recebe de bom grado honra e respeito:

"Mas *graça* atribui fielmente toda a honra e glória a Deus.

"*Natureza* teme ser envergonhada e desprezada:

"Mas *graça* alegra-se em sofrer reprovação pelo nome de Jesus.

"*Natureza* ama a ociosidade e o descanso corporal:

"Mas *graça* não pode ser ociosa e abraça de bom grado o trabalho.

"*Natureza* procura possuir coisas curiosas e belas, e não se importa com coisas baratas e grosseiras:

"Mas *graça* agrada-se daquilo que é simples e humilde, não rejeita coisas grosseiras, nem recusa vestir roupas velhas.

"*Natureza* tem consideração pelas coisas temporais, regozija-se com ganhos terrenos, entristece-se com perdas e irrita-se com toda ofensa ou palavra injuriosa:

"Mas *graça* atenta para as coisas eternas e não se apega àquelas que passam com o tempo; nem se perturba com a perda das coisas, nem se exaspera com palavras duras, pois coloca o seu tesouro e a sua alegria no Céu, onde nada se perde.

"*Natureza* é cobiçosa, está mais disposta a tomar do que a dar e ama ter coisas para si própria.

"Mas *graça* é generosa e de coração aberto, evita o egoísmo, contenta-se com pouco e julga ser mais feliz dar do que receber.

"*Natureza* inclina-se para as criaturas, para a sua própria carne, para as vaidades e para a dispersão:

"Mas *graça* atrai para Deus e para a virtude, renuncia às criaturas, foge do mundo, odeia os desejos da carne, contém a dispersão e envergonha-se de aparecer em público.

"*Natureza* recebe de bom grado o conforto exterior, no qual pode ser sensivelmente deleitada:

"Mas *graça* procura ser consolada somente em Deus, e além de todas as coisas visíveis, ser deleitada no Bem Soberano.

"*Natureza* faz tudo pelo seu próprio lucro e interesse; não pode fazer nada gratuitamente, mas espera ganhar algo igual ou melhor, ou louvor, ou favor pelas suas boas obras, e cobiça que as suas ações e dons sejam muito valorizados:

"Mas *graça* não busca nada temporal, nem requer outra recompensa senão Deus para sua recompensa, nem deseja mais do que os necessários desta vida que possam ser úteis para alcançar uma eternidade feliz.

"*Natureza* regozija-se numa multidão de amigos e parentes; ela gloria-se na nobreza da sua estirpe e descendência; ela adula os que estão no poder, lisonjeia os ricos e aplaude aqueles que são como ela;

"Mas *graça* ama até os seus inimigos, e não se envaidece por ter muitos amigos, nem valoriza a família ou o nascimento, a não ser quando unidos a maior virtude, prefere antes os pobres aos ricos; ela tem mais compaixão pelos inocentes do que pelos poderosos; ela se regozija com aquele que ama a Verdade, e não com o enganador; ela exorta sempre os bons a serem zelosos por dons melhores, e a tornarem-se semelhantes ao Filho de Deus pelo exercício das virtudes.

"*Natureza* queixa-se facilmente da falta e do sofrimento;

"Mas *graça* suporta a pobreza com constância.

"*Natureza* volta todas as coisas para si mesma, e para si mesma trabalha e disputa;

"Mas a *graça* refere todas as coisas a Deus, de quem tudo originalmente procede; ela não atribui nenhum bem a si mesma, nem presume arrogantemente de si; não contende, nem prefere a sua própria opinião à dos outros, mas em todo o sentido e entendimento submete-se à sabedoria eterna e ao exame divino.

"A *Natureza* deseja conhecer segredos e ouvir notícias; está disposta a aparecer em público e a ter experiência de muitas coisas pelos sentidos; deseja ser notada e fazer tais coisas que possam merecer louvor e admiração;

"Mas a *graça* não se importa com a audição de notícias e coisas curiosas, porque tudo isto provém da velha corrupção, visto que nada é novo ou duradouro sobre a terra.

"Ela ensina, portanto, a conter os sentidos, a evitar a vaidade e a ostentação vãs, a esconder humildemente aquelas coisas que são dignas de louvor e admiração, e, de tudo, e em todo conhecimento, a buscar o fruto do proveito espiritual, e o louvor e a honra de Deus.

"Ela não deseja que a si mesma, pelo que lhe pertence, seja exaltada; mas deseja que Deus seja bendito nos Seus dons, que tudo concede por mero Amor.

"Esta Graça é uma luz sobrenatural, e um certo dom especial de Deus, e a marca própria dos eleitos, e a garantia da Salvação eterna, que eleva o homem das coisas da terra ao Amor das coisas celestiais, e, se carnal, torna-o espiritual.

"Por isso, quanto mais a Natureza é dominada e subjugada, com tanto maior abundância a Graça é infundida, e o homem interior, por novas visitas, é diariamente mais reformado à imagem de Deus."

TERCEIRA MEDITAÇÃO
COMO ESSA VIDA DIVINA É PERDIDA E NOSSO FIM FINAL

Pecado é a morte da Vida de Cristo na nossa Alma. A nossa consciência é o tribunal de Pilatos. Diariamente e a cada hora são-nos apresentados Barrabás e Cristo. Barrabás vem como vício, homicídio, blasfémia – Cristo vem como virtude, Amor e pureza. Qual dos dois será libertado?

Se morrermos em estado de pecado, seremos julgados como pecadores. O que é o Julgamento? O Julgamento pode ser considerado tanto do ponto de vista de Deus como do nosso.

Do ponto de vista de Deus, o Julgamento é um reconhecimento. Duas almas aparecem perante a vista de Deus naquele instante após a morte. Uma está em estado de graça; a outra não. O Juiz contempla a alma em estado de graça. Ele vê aí uma semelhança com a Sua Natureza, pois a graça é uma participação na Natureza Divina. Assim como uma mãe conhece o seu filho pela semelhança da natureza, assim também Deus conhece os Seus próprios filhos pela semelhança da Natureza. Se nasceram d'Ele, Ele sabe disso. Vendo nessa alma a Sua semelhança, o Juiz Soberano, Nosso Senhor e Salvador Jesus Cristo diz, na prática: «Vinde, benditos do Meu Pai. Eu ensinei-vos a rezar, 'Pai Nosso.' Eu sou o Filho natural; vós, o filho adotivo. Entrai no Reino que preparei para vós desde toda a eternidade.»

A outra alma, não possuindo os traços familiares nem a semelhança da Trindade, encontra uma recepção inteiramente diferente do Juiz. Assim como uma mãe sabe que o filho do seu vizinho não é seu, porque não há participação na Natureza, assim também Jesus Cristo, vendo na alma pecadora nenhuma participação da Sua Natureza, só pode dizer aquelas palavras que significam não reconhecimento: «Não vos conheço»; e é coisa terrível não ser conhecido por Deus!

Tal é o Julgamento do ponto de vista Divino. Do ponto de vista humano, é também um reconhecimento, mas um reconhecimento de inadequação ou de adequação. Um visitante muito distinto é anunciado à porta, mas eu estou com as minhas roupas de trabalho, as minhas mãos e o rosto sujos. Não estou em condições de me apresentar perante tão augusto personagem, e recuso-me a vê-lo até poder melhorar a minha aparência. Uma alma manchada pelo pecado age de forma muito semelhante quando se apresenta diante do tribunal de Deus. Vê, por um lado, Sua Majestade, Sua Pureza, Seu Brilho, e por outro, a sua própria baixeza, a sua pecaminosidade e a sua indignidade. Não suplica nem argumenta, não apresenta um caso – Ele vê; e das profundezas surge o seu próprio julgamento: "Ó Senhor, não sou digno." A alma manchada por pecados veniais lança-se no purgatório para lavar as suas vestes batismais, mas a alma irremediavelmente manchada – a alma morta para a Vida Divina – lança-se no Inferno tão naturalmente como uma pedra, que, libertada da minha mão, cai ao chão.

Mas existe o Inferno? O mundo moderno já não acredita nele. É verdade que muitos dos nossos profetas atuais negam o Inferno, e isso leva-nos a perguntar a razão dessa negação. A razão é provavelmente psicológica. Existem duas orientações possíveis para o homem: ou ele adapta a sua vida aos dogmas, ou adapta os dogmas à sua vida. "Se não vivermos como pensamos, depressa começamos a pensar como vivemos." Se a nossa vida não estiver regulada de acordo com o Evangelho, então o pensamento do Inferno é um tipo de pensamento muito incómodo. Para aliviar a minha consciência, devo negá-la. Devo adaptar um dogma ao meu modo de vida. E isto é confirmado pela experiência. Alguns acreditam no Inferno, temem-no, odeiam-no e evitam o pecado. Outros amam o pecado, negam o Inferno, mas sempre o temem.

Mas, admitindo que esta seja a razão da sua negação, esses mesmos profetas perguntarão: como sabes que existe o Inferno? Muito claramente, porque Jesus Cristo disse que existia. Ou existe o Inferno, ou a Verdade Infinita é mentirosa. Não posso aceitar a segunda proposição, por isso devo aceitar a primeira.

O Céu e o Inferno não são meros pensamentos posteriores no verdadeiro Plano Divino. Deus não criou, por um segundo ato da Sua Vontade e Onipotência, o Céu e o Inferno para recompensar e punir aqueles que obedecem ou desobedecem à Sua Lei Divina. Eles não são decretos arbitrários; meras coisas para remendar um plano original perturbado pelo pecado. Nenhuma lei pode existir sem sanção. Se não existisse o Inferno na ordem presente da salvação, qual seria a consequência? Significaria que, qualquer que fosse o mal que fizéssemos, independentemente do tempo durante o qual o praticássemos e do ódio com que o fizéssemos, Deus seria todo o tempo indiferente aos nossos atos morais, o que seria outra forma de dizer que a Lei é indiferente à ilegalidade.

Todas as nossas concepções erradas acerca do Céu e do Inferno baseiam-se na nossa incapacidade de ver como eles estão necessariamente ligados aos nossos atos na ordem moral. Há muitos que consideram o Céu apenas como uma recompensa arbitrária por uma boa vida, uma espécie de símbolo em reconhecimento da nossa vitória, tal como uma taça de prata é concedida ao vencedor de uma corrida. Tal não é toda a verdade. O Céu não está relacionado com uma boa vida Cristã da mesma forma que uma taça de prata está relacionada com a vitória numa corrida, pois a taça de prata pode ou não seguir a vitória; não é algo inseparavelmente ligado a ela – algo diferente poderia ser dado ou talvez nada de todo. Antes, o Céu está relacionado com a vida Cristã como o aprender está relacionado com o estudo; É por isso que os teólogos chamam a graça de «semente da glória». Se estudo, adquiro conhecimento por esse mesmo ato; os dois são inseparáveis, sendo um a fruição do outro. E, a este respeito, é bom lembrar que o Céu, na presente constituição do mundo de Deus, não é meramente uma recompensa, é, em certo sentido, um «direito», o direito dos herdeiros – pois somos herdeiros do Reino do Céu em virtude do dom da Adopção Divina na filiação de Deus por um Pai Celestial.

O Inferno, também, é frequentemente explicado de forma demasiado exclusiva em termos de arbitrariedade. Faz-se parecer como uma espécie de punição totalmente alheia a uma vida de pecado e ao abandono do dom de Deus. O Inferno não está relacionado com uma vida má da mesma forma que uma palmada está relacionada com um ato de desobediência, pois tal punição não precisa necessariamente de seguir o ato. Antes, o Inferno está ligado a uma vida má exatamente da mesma maneira que a cegueira está relacionada com a arrancada de um olho. Se perco o meu olho, fico necessariamente cego, e se me rebelo contra Deus, recuso o Seu perdão e morro em pecado, devo sofrer o Inferno como consequência. Há equidade na lei humana, e há equidade na Lei Divina. O pecado consiste, primeiramente, num afastamento de Deus e, em segundo lugar, numa volta para as criaturas. Por causa do primeiro elemento, o pecador sofre a Dor da Perda, ou a privação da Visão Beatífica. Por causa da volta para as criaturas, o pecador sofre a Dor do Sentido, que é um castigo imposto pelas coisas criadas pelo abuso dessas mesmas coisas, e é comumente referido como «fogo do inferno». A diferença entre a Dor da Perda e a Dor do Sentido consiste em que a primeira é causada pela ausência de algo, e a segunda pela presença de algo. Das duas dores, a primeira é a mais terrível, pois é a frustração final e incessante do anseio de um ser imortal; é a falha em alcançar o objetivo da vida; é ter falhado de tal modo que nunca admite um novo começo; é querer Deus e, ainda assim, odiar-se por O querer; é um pedir para nunca receber, um procurar para nunca encontrar, um bater à porta eternamente fechada; é, acima de tudo, um vazio criado pela ausência da Vida, da Verdade e do Amor que a alma anseia eternamente. Como as almas anseiam ardentemente pela vida; como se agarram tenazmente até a um palha para se salvar da morte por afogamento! Como desejam prolongar a vida até à eternidade! O que será então perder, não uma longa vida humana, mas a própria Vida de todo o Vivente! É uma espécie de morte em vida, como acordar num sepulcro. A Verdade, também, é o desejo das almas. O conhecimento é uma paixão, e a privação humana dele é dor, como nos é tão fortemente revelado quando somos privados do conhecimento de um segredo que outros partilham. O que será então ser privado não de uma verdade terrena, não de algo que talvez pudéssemos aprender mais tarde, mas da Verdade fora da qual não há verdade, nem conhecimento, nem sabedoria alguma? Seria pior do que a vida terrena sem sol ou lua, uma espécie de escuridão cavernosa na qual se vagueia sabendo que se poderia ter conhecido a luz da Verdade, mas não se quis. Finalmente, quão monótona seria a vida terrena sem o afeto ou o Amor dos pais, irmãos, irmãs e amigos! Quão pesados seriam os nossos corações se cada outro coração se tornasse pedra! Então, o que será ser privado do Amor sem o qual não há amor? É ter o coração roubado e ainda assim ser capaz de viver sem ele.

O Céu e o Inferno são os resultados naturais e inseparáveis dos atos bons e maus na ordem sobrenatural. Esta vida é a primavera; o Julgamento é a colheita. "Porque tudo o que o homem semear, isso também ceifará. Porque o que semeia na sua carne, da carne colherá corrupção. Mas o que semeia no Espírito colherá vida eterna."

Por que as almas vão para o Inferno? Na última análise, as almas vão para o Inferno por uma única razão grandiosa, e essa é — recusarem-se a amar. O Amor perdoa tudo, exceto uma coisa — a recusa em amar. Um jovem ama uma donzela. Ele manifesta o seu afeto por ela, cobre-a de presentes, concede-lhe mais do que a parte comum das cortesias da vida, mas o seu amor é rejeitado. Mantendo-o puro, ele persiste, mas tudo em vão; ela faz ouvidos moucos às suas investidas. O amor, por tanto tempo negado e rejeitado, de repente alcança um ponto em que grita: «Está bem, o amor não pode fazer mais, eu já desisti; acabámos.» Chegou ao ponto do abandono.

Deus é o Amante Divino. Como o Cão do Céu, Ele está continuamente à procura das almas. Lá atrás, na eternidade sem idade, Ele amou-nos com um Amor Eterno. Quando o tempo começa para uma alma individual, Ele dá-lhe as riquezas da Natureza, chama-a a ser um Filho adotivo, alimenta-a com a Sua própria substância e faz dela herdeira do Céu. Mas essa alma pode logo esquecer tal bondade, e ainda assim Deus não esquece de amar. Ele persegue a alma, envia-lhe um descontentamento profundo para a trazer de volta a Ele, corta propositadamente o seu caminho para manifestar a Sua presença, envia os Seus embaixadores a ela, e a enche de graças medicinais; e, ainda assim, o Amor Divino é rejeitado. Finalmente rejeitado mais vezes do que setenta vezes sete, o Amor Divino abandona a perseguição de tal alma que se afasta Dele no fim do seu tempo de vida e clama: «Está consumado. O Amor não pode fazer mais.» E é terrível não ser amado, e sobretudo não ser amado pelo Amor. Isso é o Inferno. O Inferno é um lugar onde não há amor.

Sobre Considerar a Própria Morte

Tomás de Kempis

Imitação de Cristo, Livro 1, Capítulo 23

Muito rapidamente, a tua vida aqui terminará; considera então o que poderá estar reservado para ti noutro lugar.

Um homem está aqui hoje, e amanhã desapareceu. E quando é retirado da vista, rapidamente também sai da memória.

"Oh! a insensibilidade e dureza do coração do homem, que só pensa no presente e não olha para as coisas que hão de vir.

"Portanto, em cada ação e em cada pensamento, age como se fosses morrer neste mesmo dia. Se tivesses uma boa consciência, não temerias a morte.

"Seria melhor para ti evitar o pecado do que temer a morte.

"Se não estás preparado hoje, como estarás preparado amanhã?

"O amanhã é um dia incerto; e como sabes que estarás vivo amanhã?

"De que serve viver muito tempo, se progredimos tão pouco?

"Ah! a longa vida nem sempre nos torna melhores, mas muitas vezes aumenta a nossa culpa.

"Oxalá tivéssemos comportado bem neste mundo, ainda que fosse por um só dia!

"Muitos contam os anos da sua conversão, mas frequentemente o fruto da emenda é pequeno. "Se é terrível morrer, talvez seja mais perigoso viver mais tempo.

"Bem-aventurado aquele que tem sempre diante dos olhos a hora da sua morte, e todos os dias se dispõe a morrer.

"Se alguma vez viste um homem morrer, lembra-te de que tu também deves passar pelo mesmo caminho. "De manhã, imagina que talvez não vivas até à noite; e quando chegar a noite, não te atrevas a prometer a ti mesmo o dia seguinte.

"Esteja sempre pronto e vive de tal maneira que a morte nunca te encontre desprevenido.

"Muitos morrem de repente, e quando menos o esperam: *Porque o Filho do Homem virá à hora em que não esperam* (Mt 24,

44). Quando chegar essa última hora, então começarás a ter pensamentos muito diferentes sobre toda a tua vida passada; e ficarás profundamente entristecido por teres sido tão negligente e descuidado.

Quão feliz e prudente é aquele que se esforça por ser agora nesta vida como deseja ser encontrado na sua morte.

"Pois dará ao homem uma grande confiança em morrer feliz se tiver um perfeito desprezo pelo mundo, um fervoroso desejo de progredir na virtude, um amor pela disciplina, o espírito de penitência, uma pronta obediência, negação de si mesmo e paciência em suportar todas as adversidades por amor a Cristo."

"Podes fazer muitas coisas boas quando estás com boa saúde; mas quando estiveres doente, não sei o que serás capaz de fazer."

"Poucos são melhorados pela doença; também aqueles que viajam muito raramente se tornam santos."

"Não confies nos teus amigos e parentes, e não adies o cuidado da tua alma para depois; pois quem cuidará dela quando já não estiveres aqui?"

"É melhor agora prover a tempo e enviar algo bom à tua frente do que confiar que outros te ajudem após a tua morte."

"Se não cuidares do teu próprio bem-estar agora, quem cuidará quando já não estiveres aqui?"

"O tempo presente é muito precioso." *Eis que agora é o tempo aceitável; Eis que agora é o dia da Salvação* (2 Cor. 6:2).

"Mas é muito de lamentar que não aproveiteis este tempo de forma mais proveitosa, onde poderíeis adquirir a Vida eterna de melhor modo! Virá o tempo em que desejareis um dia ou uma hora para emendar, e não sei se a alcançareis.

"Ó meu Amado, de quão grande perigo podes libertar-te; de quão grande temor podes ser liberto, se agora fores sempre temeroso e esperando a morte!

"Esforça-te agora por viver de tal modo que, na hora da tua morte, antes de temer, te regozijes.

"Aprende agora a desprezar todas as coisas, para que então comeces a viver com Cristo. Aprende agora a morrer para o mundo, para que então possas ir livremente a Cristo.

"Castiga agora o teu corpo com penitência, para que então tenhas uma confiança segura." Ah, tolo! Por que pensas viver muito, quando não tens certeza de um só dia?

"Quantos, pensando viver muito, foram enganados e inesperadamente arrebatados.

"Quantas vezes ouviste dizer que tal pessoa foi morta à espada; outra afogada; outra, caindo de grande altura, quebrou o pescoço; este homem morreu à mesa; aquele outro encontrou o fim enquanto brincava?

"Uns pereceram pelo fogo; outros pela espada; alguns pela peste; e outros por ladrões.

"Assim, a morte é o fim de tudo, e a vida do homem passa de repente como uma sombra.

"Quem se lembrará de ti quando estiveres morto, e quem rezará por ti?

"Faz agora, amado, faz agora tudo o que puderes, porque não sabes quando morrerás, nem que destino te espera depois da morte.

"Ajunta para ti as riquezas da imortalidade enquanto tens tempo; não penses em outra coisa senão na tua salvação; não te preocupes senão com as coisas de Deus.

"Faz amigos para ti agora, honrando os santos de Deus, imitando as suas ações para que, quando partires desta vida, eles te recebam nas moradas eternas.

"Mantém-te como um peregrino e um estranho sobre a terra, para quem os assuntos deste mundo não pertencem de todo.

"Mantém o teu coração livre e elevado para Deus, porque não tens aqui uma morada permanente.

"Para Ele dirige as tuas orações diárias, com suspiros e lágrimas; para que, depois da morte, o teu espírito possa ser digno de passar felizmente para Nosso Senhor. Amém."

QUARTA MEDITAÇÃO
O DEVER DA NEGAÇÃO DE SI MESMO

A negação de si mesmo, de algum modo, está envolvida, como é evidente, na própria noção de renovação e santa obediência. Mudar os nossos corações é aprender a amar coisas que naturalmente não amamos – desaprender o amor deste mundo; mas isto implica, naturalmente, a frustração dos nossos desejos e gostos naturais. Ser justo e obediente implica domínio próprio, mas para possuir poder, devemos tê-lo conquistado; nem podemos conquistá-lo sem uma luta vigorosa, uma guerra perseverante contra nós mesmos. A própria noção de ser religioso implica autonegação, porque, por natureza, não amamos a religião.

"... É nosso dever não apenas negar-nos no que é pecaminoso, mas mesmo, em certa medida, nas coisas lícitas, conter-nos até mesmo nos prazeres e gozos inocentes.

"... O jejum é claramente um dever cristão, como Nosso Salvador indica no Seu Sermão da Montanha. Ora, o que é o jejum senão abster-se daquilo que é lícito; não apenas daquilo que é pecaminoso, mas do que é inocente? – Daquele pão que poderíamos tomar e comer com ação de graças, mas que em certos momentos não tomamos, para nos negarmos a nós mesmos. Tal como a autonegação cristã – não apenas uma mortificação do que é pecaminoso, mas uma abstinência mesmo das bênçãos de Deus.

Novamente, considerai a seguinte declaração de Nosso Salvador: Ele primeiro nos diz, 'Quão estreita é a porta, e apertado o caminho que conduz à Vida! E poucos são os que a encontram' (Mt 7,14). E novamente: 'Esforçai-vos por entrar pela porta estreita; porque muitos, digo-vos, procurarão entrar e não poderão' (Lucas 13:24). Então Ele explica-nos em que consiste esta dificuldade peculiar da vida cristã: 'Se alguém vem a mim e não odeia seu pai e sua mãe, sua mulher e seus filhos, seus irmãos e irmãs, e até a sua própria vida, não pode ser meu discípulo' (Lucas 14:26). Agora, seja qual for o significado preciso disto (sobre o qual não me deterei aqui para investigar), é evidente até agora que Nosso Senhor impõe certa abstenção, não apenas do pecado, mas dos confortos inocentes e prazeres desta vida, ou uma negação de si mesmo nas coisas lícitas.

"De novo, Ele diz: 'Se alguém quer vir após mim, negue-se a si mesmo, tome a sua cruz diariamente e siga-me' (Lucas

9:23). Aqui Ele nos mostra pelo Seu próprio exemplo o que é a autonegação cristã. É assumir uma cruz segundo o Seu modelo, não uma mera abstenção do pecado, pois Ele não tinha pecado, mas renunciar ao que poderíamos usar legitimamente. Este foi o caráter peculiar com que Cristo veio à terra. Foi esta negação de si mesmo espontânea e exuberante que O fez descer. Aquele que era um com Deus assumiu a nossa natureza e sofreu a morte – e porquê? para nos salvar a nós, que Ele não precisava salvar. Assim, Ele negou a Si mesmo e tomou sobre Si a Sua Cruz. Este é precisamente o aspecto em que Deus, tal como revelado nas Escrituras, se distingue daquela manifestação da Sua glória que a Natureza nos dá: poder, sabedoria, Amor, Misericórdia, longanimidade – estes atributos, embora muito mais plenamente e claramente manifestados nas Escrituras do que na Natureza, ainda assim se vêem, em certa medida, na face da criação visível; mas a negação de si mesmo, se assim se pode dizer, este atributo incompreensível da Providência Divina, é-nos revelado somente nas Escrituras. 'Porque Deus amou o mundo de tal maneira que deu o Seu Filho unigénito' (João 3:16). Aqui está a negação de si mesmo. E o Filho de Deus amou-vos tanto que, 'sendo rico, se fez pobre por amor de vós' (2 Cor. 8:9).

Aqui está a autonegação do nosso Salvador: 'Ele não agradou a Si mesmo.'

Tal é a autonegação cristã, e é incumbência nossa por muitas razões. O cristão nega-se a si mesmo nas coisas lícitas porque está consciente da sua própria fraqueza e propensão ao pecado; Ele não ousa caminhar à beira de um precipício; em vez de ir ao extremo do que é permitido, mantém-se afastado do mal para estar seguro. Ele abstém-se para não deixar de ser temperante; jejua para não comer e beber com os bêbados. Como é evidente, muitas coisas são em si mesmas corretas e irrepreensíveis, mas inconvenientes no caso de uma criatura fraca e pecadora; o seu caso é como o de uma pessoa doente; muitos tipos de alimentos, bons para um homem saudável, são prejudiciais quando está doente – o vinho é veneno para um homem com febre intensa. E assim, muitos atos, pensamentos e sentimentos que teriam sido permitidos a Adão antes da sua queda são prejudiciais ou perigosos no homem caído. Por exemplo, a ira não é pecaminosa em si mesma. São Paulo implica isto quando diz: 'Irai-vos e não pequeis' (Efésios 4:26). E Nosso Salvador, numa ocasião, é dito ter-se irado, e Ele era sem pecado. Deus Todo-Poderoso também se ira contra os ímpios. A ira, portanto, não é em si um sentimento pecaminoso; mas no homem, constituído como é, é tão perigosamente arriscado entregarmo-nos a ela que a negação de si mesmo aqui é um dever por mera prudência. É quase impossível para um homem irar-se apenas na medida em que deve; ele excederá o limite correto; a sua ira degenerará em orgulho, amargura, malícia, crueldade, vingança e ódio. Ela inflamará a sua alma doente e a envenenará. Portanto, deve abster-se dela como se fosse em si um pecado (embora não o seja), pois na prática assim o é para ele.

"Se gozamos de boa saúde e vivemos em circunstâncias fáceis, cuidemos para não cair em altivez, auto-suficiência, presunção, arrogância, delicadezas de vida, indulgências, luxos e comodidades. Nada é tão capaz de corromper os nossos corações e de nos seduzir para longe de Deus como nos rodearmos de comodidades – de termos as coisas à nossa maneira – de sermos o centro de uma espécie de mundo, seja de coisas animadas ou inanimadas, que nos servem. Pois então, por sua vez, passaremos a depender delas; elas tornar-se-ão necessárias para nós; o seu próprio serviço e adulação levar-nos-ão a confiar nelas e a idolatrá-las. Que exemplos há nas Escrituras de homens suaves e luxuosos! Foi Abraão antes da Lei, que vagueava pelos seus dias, sem uma casa? Ou Moisés, que deu a Lei e morreu no deserto? Ou David, sob a

Lei, que 'não tinha olhares altivos' e era 'como uma criança desmamada'? Ou os Profetas, nos últimos dias da Lei, que andavam em peles de ovelhas e peles de cabras? Ou o Baptista, quando o Evangelho a substituía, que estava vestido com um manto de pelos de camelo e comia o alimento do deserto? Ou os Apóstolos que eram 'o escárnio de todas as coisas'? Ou o nosso bendito Salvador, que 'não tinha onde reclinar a cabeça'? Quem são os homens suaves e luxuosos nas Escrituras? Havia o homem rico, que 'se banqueteava sumptuosamente todos os dias', e depois 'ergueu os olhos no inferno, estando em tormentos.' Havia aquele outro, cuja 'terra produziu abundantemente', e que disse: 'Alma, tens muitos bens guardados para muitos anos'; E a sua alma lhe foi exigida naquela noite. Havia Demas, que abandonou São Paulo, 'tendo amado este presente mundo'! E ai de nós! Havia aquele rei altamente favorecido, divinamente inspirado, rico e sábio, Salomão, a quem não serviu de nada ter medido a terra e contado os seus habitantes, quando na sua velhice 'amou muitas mulheres estranhas' e adorou os seus deuses.

"Não precisas tentar traçar uma linha precisa entre o que é pecaminoso e o que é apenas permitido: olha para Cristo e renuncia a tudo em ti mesmo, qualquer que seja a sua natureza, que aches que Ele te pediria que abandonasses. Não precisas calcular nem medir se amas muito: não te perturbes com pormenores curiosos se tens um coração disposto a seguir atrás Dele. É certo que por vezes surgirão dificuldades, mas serão raras. Ele manda-te tomar a tua cruz; por isso, aceita as oportunidades diárias que surgem de ceder aos outros, quando não precisas ceder, e de realizar serviços desagradáveis que poderias evitar. Ele manda aqueles que querem ser os maiores viver como os mais humildes: por isso, afasta pensamentos ambiciosos e (na medida em que religiosamente possas) toma resoluções contra assumir autoridade e domínio. Ele manda-te vender e dar esmolas; por isso, detesta gastar dinheiro em ti mesmo. Fecha os olhos ao louvor quando este se torna ruidoso: firma o teu rosto como uma pedra quando o mundo zombar, e sorri às suas ameaças. Aprende a dominar o teu coração, quando este ameaça explodir em veemência, ou prolongar uma tristeza estéril, ou dissolver-se numa ternura inoportuna. Contém a tua língua e desvia o teu olhar, para que não caias em tentação. Evita o ar perigoso que te relaxa e firma-te nas alturas. Levanta-te para a oração 'muito antes do amanhecer' e busca o verdadeiro, o teu único Esposo, 'à noite, na tua cama'. Assim, a negação de ti mesmo tornar-se-á natural para ti, e uma mudança ocorrerá em ti, suave e imperceptivelmente; E, como Jacó, deitar-te-ás no deserto, e logo verás Anjos, e um caminho aberto para o Céu.

Sobre o Julgamento e o Castigo dos Pecadores

Tomás de Kempis

Imitação de Cristo, Livro 1, Capítulo 24

Em todas as coisas olha para o fim, e como poderás estar diante de um Juiz severo, de quem nada está oculto, que não aceita subornos, nem desculpas, mas julgará o que é justo.

"Ó pecador mais miserável e insensato, que resposta darás a Deus, que conhece todos os teus pecados; tu que por vezes temes o olhar de um homem irado?

"Por que não te preparas para o dia do Julgamento, quando ninguém poderá ser desculpado ou defendido por outro, mas cada um terá bastante para responder por si mesmo?

"Presentemente, o teu labor é proveitoso, as tuas lágrimas são aceitáveis, os teus suspiros serão ouvidos, e a tua dor é satisfatória, podendo purgar os teus pecados.

"Um homem paciente tem um grande e salutar purgatório, que, recebendo injúrias, se preocupa mais com o pecado do outro do que com a sua própria ofensa; que voluntariamente reza pelos seus adversários, e do fundo do coração perdoa as ofensas; que não demora a pedir perdão aos outros; que se comove mais facilmente com compaixão do que com ira; que frequentemente se impõe violência a si mesmo, e se esforça por sujeitar totalmente a carne ao Espírito.

"É melhor agora purgar os nossos pecados e erradicar os vícios do que reservá-los para serem purgados posteriormente."

"Na verdade, enganamo-nos a nós mesmos pelo amor desordenado que temos à nossa carne."

"Com que outras coisas esse fogo se alimentará senão dos teus pecados?"

"Quanto mais te poupares agora e seguires a carne, mais gravemente sofrerás depois, e mais combustível acumularás para esse fogo."

"Naquilo em que um homem mais pecou, nisso será mais severamente castigado."

"Lá, os preguiçosos serão impulsionados com aguilhões ardentes, e os glutões serão atormentados com fome e sede extremas."

"Lá, os luxuriosos e os amantes do prazer serão cobertos de alcatrão ardente e enxofre fétido;" e os invejosos, como cães loucos, uivarão de dor."

"Não há vício que ali não tenha o seu tormento próprio."

"Lá, os orgulhosos ficarão cheios de toda a confusão, e os avarentos serão apertados pela mais miserável necessidade."

"Uma hora de sofrimento será mais aguda do que cem anos aqui passados na mais rigorosa penitência."

"Não há descanso, nem conforto para os condenados; mas aqui há por vezes intermissão do labor, e recebemos conforto dos nossos amigos."

"Sê cuidadoso no presente, e contrito pelos teus pecados: para que no dia do Julgamento possas estar seguro com os bem-aventurados."

"Porque então, os justos permanecerão com grande constância contra aqueles que os afligiram e oprimiram (Sab. 5:1)."

"Então estará Ele para julgar, quem agora humildemente se submete ao julgamento dos homens."

"Então, os pobres e humildes terão grande confiança, e os soberbos temerão de todos os lados."

"Aprende agora a sofrer as pequenas coisas, para que então possas ser libertado de sofrimentos mais graves."

"Experimenta primeiro aqui o que não podes suportar depois."

"Se agora podes suportar tão pouco, como poderás suportar tormentos eternos?"

"Se um pouco de sofrimento agora te torna tão impaciente, o que fará o fogo do Inferno depois?

"Certamente, não podes ter o teu prazer neste mundo e depois reinar com Cristo.

Sobre Estar Determinado a Emendar Toda a Nossa Vida

Tomás de Kempis

Imitação de Cristo, Livro 1, Capítulo 25

"Se até hoje tivesses vivido sempre em honras e prazeres, de que te valeria, se agora morresses num instante?

"Tudo então é vaidade, exceto amar a Deus e servi-Lo somente!

"Porque aquele que ama a Deus de todo o coração não teme a morte, nem o castigo, nem o Julgamento, nem o Inferno; porque o amor perfeito dá acesso seguro a Deus.

"Mas aquele que ainda se deleita no pecado, não é de admirar que tema a morte e o Julgamento." É bom, porém, que se o amor ainda não te afasta do mal, pelo menos o medo do Inferno te contenha.

"Mas aquele que abandona o temor de Deus não poderá continuar muito tempo no bem, mas cairá rapidamente nas armadilhas do diabo."

"Confia no Senhor e faz o bem, diz o profeta, habitarás na terra e serás alimentado com as suas riquezas (Salmo 36:3).

"Há uma coisa que impede muitos do progresso espiritual e da fervorosa emenda de vida: o receio da dificuldade ou do labor que se deve enfrentar no combate.

"São, de facto, aqueles que mais avançam em virtude os que lutam corajosamente para vencer as coisas que lhes parecem mais penosas ou contrárias.

"Pois é aí que o homem faz maior progresso e merece maior Graça, onde mais se vence a si mesmo e se mortifica no espírito.

"Mas nem todos os homens têm as mesmas coisas a vencer e a mortificar.

"Todavia, aquele que é diligente e zeloso, embora tenha mais paixões contra as quais lutar, poderá fazer maior progresso do que outro que tem menos paixões, mas é menos fervoroso na busca da virtude.

"Duas coisas conduzem particularmente a uma grande emenda: retirar-se com força daquilo a que a Natureza está viciosamente inclinada e trabalhar com empenho pelo bem que mais se deseja."

QUINTA MEDITAÇÃO
DANDO GLÓRIA A DEUS NO MUNDO

São João Henrique Newman

Sermões Paroquiais e Simples, Vol. 8, Sermão 11

Quando as pessoas estão convencidas de que a vida é curta, que não é suficiente para qualquer grande propósito, que não revela adequadamente, nem aperfeiçoa o verdadeiro Cristão, quando sentem que a próxima vida é tudo e que a eternidade é o único assunto que realmente pode reclamar ou preencher os seus pensamentos, então tendem a subestimar esta vida por completo e a esquecer a sua verdadeira importância. Tendem a desejar passar o tempo da sua estadia aqui numa separação positiva dos deveres ativos e sociais; contudo, deve-se recordar que os empregos deste mundo, embora não sejam celestiais em si mesmos, são, afinal, o caminho para o céu – embora não o fruto, são a semente da imortalidade – e são valiosos, não em si mesmos, mas pelo que conduzem; porém, é difícil perceber isto. É difícil compreender ambas as verdades ao mesmo tempo e ligar ambas em conjunto; contemplar firmemente a vida futura, e ainda assim agir nesta. Aqueles que meditam tendem a negligenciar os deveres ativos que, de facto, lhes incumbem, e a deter-se no pensamento da glória de Deus, até se esquecerem de agir para Sua glória. Este estado de espírito é repreendido figuradamente nas palavras dos Santos Anjos aos Apóstolos, quando dizem: 'Homens da Galileia, por que estais a olhar para o céu?' (Atos 1:11)

"De várias maneiras, o pensamento do mundo vindouro leva os homens a negligenciar o seu dever neste; e sempre que assim acontece, podemos ter a certeza de que há algo errado e não cristão, não no seu pensamento do mundo vindouro, mas na sua maneira de o pensar. Pois, embora a contemplação da glória de Deus possa, em certos tempos e pessoas, interferir legitimamente com os trabalhos ativos da vida, como no caso dos Apóstolos quando Nosso Salvador subiu, e embora tal contemplação seja mesmo livremente permitida ou ordenada em certos momentos de cada dia, ainda assim isso não é uma meditação real e verdadeira sobre Cristo, mas algum simulacro, que nos faz sonhar o tempo, ou tornar-nos habitualmente indolentes, ou que nos afasta dos nossos deveres presentes, ou nos perturba."

"Refiro-me ao caso em que é dever de uma pessoa permanecer na sua vocação mundana, e quando nela permanece, mas alimenta insatisfação com ela: enquanto que o que deveria sentir é isto – que, estando nela, deve glorificar Deus, não fora dela, mas nela, e por meio dela, conforme a orientação do Apóstolo, 'não sendo preguiçoso no zelo; sendo fervoroso no espírito, servindo ao Senhor' (Rom. 12:11). O Senhor Jesus Cristo, nosso Salvador, é melhor servido, e com o espírito mais fervoroso, quando os homens não são preguiçosos nos negócios, mas cumprem o seu dever naquele estado de vida em que Deus lhes agradou chamar."

"... Por muito mau que seja ser lânguido e indiferente nos nossos deveres seculares e considerar isso religião, é ainda muito pior ser escravo deste mundo e ter os nossos corações nas preocupações deste mundo... Refiro-me a esse espírito ambicioso, para usar uma palavra grandiosa, mas não conheço outra palavra para exprimir o meu pensamento – essa ambição baixa que põe todos em alerta para ter sucesso e subir na vida, acumular dinheiro, ganhar poder, rebaixar os seus rivais, triunfar sobre os seus até então superiores, aparentar uma importância e uma gentileza que antes não tinha, fingir ter opinião sobre assuntos elevados, pretender formar um julgamento sobre coisas sagradas, escolher a sua religião, aprovar e condenar segundo o seu gosto, tornar-se partidário de medidas extensas para o suposto benefício temporal da comunidade, entregar-se à visão de grandes coisas que hão-de vir, grandes melhoramentos, grandes maravilhas: todas as coisas vastas, todas as coisas novas – este espírito terrivelmente mundano e rastejante é, infelizmente, provável que se estenda cada vez mais entre os nossos compatriotas – uma busca intensa, incansável, inquieta, nunca cansada, nunca satisfeita de Mamom sob uma forma ou outra, à exclusão de tudo o que é profundo, tudo o que é santo, tudo o que é calmos, todos os pensamentos reverentes. Este é o espírito com que, mais ou menos (consoante os seus diferentes temperamentos), os homens geralmente se envolvem nas preocupações deste mundo; e repito, melhor, muito melhor, seria retirar-se do mundo completamente do que assim se envolver nele – melhor, com Elias, voar para o deserto do que servir a Baal e Astarote em Jerusalém."

"Mas certamente é possível 'servir ao Senhor' e, ainda assim, não ser negligente nos negócios; não ser demasiado dedicado a eles, mas também não se retirar deles. Podemos fazer todas as coisas, quaisquer que sejam, para a glória de Deus; podemos fazer *todas as coisas de coração*, como ao Senhor, e não aos homens, sendo ao mesmo tempo ativos e meditativos; e agora deixai-me dar alguns exemplos para mostrar o que quero dizer.

"'Fazei tudo para a glória de Deus,' diz São Paulo, no texto; sim, quer comais, quer bebais' (1 Cor. 10:31); de modo que nada pareça demasiado insignificante ou trivial para glorificá-Lo. Suponhamos então o caso mencionado há pouco; suponhamos um homem que recentemente teve pensamentos mais sérios do que antes e decide viver de forma mais religiosa. Em consequência da mudança que a sua mente sofreu, sente aversão pelo seu ofício mundano, quer esteja no comércio, quer em qualquer trabalho mecânico que permita pouco exercício da mente. Agora sente que preferiria estar em outro negócio, embora, em si mesmo, o seu atual ofício seja perfeitamente lícito e agradável a Deus. O homem mal instruído ficará logo impaciente e abandoná-lo-á; ou, se não o abandonar, pelo menos será negligente e indolente nele. Mas o verdadeiro penitente dirá a si mesmo: 'Não; se é um trabalho penoso, tanto melhor me convém. Não mereço coisa melhor. Não mereço ser alimentado nem sequer com farelos. Estou obrigado a afligir a minha alma pelos pecados passados. Se eu vestisse saco e cinzas, se vivesse de pão e água, se lavasse os pés dos pobres dia após dia, não seria uma humilhação demasiado grande; e a única razão pela qual não o faço é que não tenho esse chamado; pareceria ostentação. Com prazer, então, acolherei um incómodo que me provará sem que ninguém o saiba. Longe de me queixar, irei, pela graça de Deus, alegremente realizar o que não gosto. Negar-me-ei a mim mesmo. Sei que, com a Sua ajuda, o que em si é doloroso será assim agradável, feito para Ele. Sei bem que não há dor que não possa ser suportada confortavelmente pelo pensamento d'Ele, pela Sua graça e pela forte determinação da vontade; antes, nenhuma dor que não possa acalmar e consolar-me. Até o gosto e o cheiro naturais podem ser feitos para gostar do que naturalmente desgostam; Até mesmo o remédio amargo, que é nauseante ao paladar, pode, por uma vontade resoluta, tornar-se tolerável. Antes, até os sofrimentos e torturas, tais como os que os mártires suportaram, foram motivo de alegria e abraçados de coração por amor a Cristo. Eu, então, pecador, aceitarei este pequeno incómodo de forma generosa, contente pela oportunidade de me disciplinar, e com humildade, como necessitando de uma severa penitência. Se houver partes na minha ocupação que eu especialmente desgoste, se exigir muito deslocamento e eu desejar estar em casa, ou se for sedentária e eu desejar estar em movimento, ou se exigir levantar cedo e eu gostar de me levantar tarde, ou se me tornar solitário e eu gostar de estar com amigos, toda esta parte desagradável, na medida do possível e desde que não seja uma armadilha para mim, escolherei por preferência. Mais uma vez, vejo que as minhas convicções religiosas são um obstáculo para mim. Vejo que as pessoas desconfiam de mim. Vejo que ofendo as pessoas pela minha escrupulosidade. Vejo que, para progredir na vida, é necessário dedicar muito mais atenção aos meus assuntos mundanos do que posso dar, em consonância com o meu dever para com Deus, ou sem que isso se torne uma tentação para mim. Sei que não devo, e (se Deus quiser) não sacrificarei a minha religião por isso. Os meus tempos e horas de oração serão meus. Não consentirei em nenhum dos negócios e práticas mundanas, nas artimanhas, nas ações torpes em que outros se entregam. E se, por isso, for lançado para trás na vida, se fizer menos progressos ou perder amigos, e assim vier a ser desprezado, e vir outros a subir no mundo enquanto eu permaneço onde estava, por mais difícil que seja suportar, é uma humilhação que me convém em reparação pelos meus pecados e em obediência a Deus; e é uma privação muito ligeira, meramente ser privado dos sucessos mundanos, ou antes, é um ganho. E esta poderá ser a maneira pela qual Deus Todo-Poderoso me abrirá um caminho, se for Sua bendita vontade, para deixar a minha ocupação atual. Mas deixá-la sem um chamado de Deus, certamente não devo. Pelo contrário, trabalharei nela com mais diligência, na medida em que os deveres superiores me permitirem.'"

"A gratidão a Deus Todo-Poderoso, e até a própria vida interior do Espírito, serão princípios adicionais que levarão o Cristão a trabalhar diligentemente na sua vocação. Ele verá Deus em todas as coisas. Ele recordará a vida do Nosso Salvador. Cristo foi criado para um ofício humilde. Quando trabalhar no seu próprio, pensará no seu Senhor e Mestre no Seu. Recordará que Cristo desceu a Nazaré e foi sujeito aos Seus pais, que percorreu longas jornadas, que suportou o calor do sol e a tempestade, e não tinha onde reclinar a cabeça. Mais uma vez, Ele sabe que os Apóstolos tinham diversos ofícios deste mundo antes da sua vocação; São André e São Pedro pescadores, São Mateus cobrador de impostos, e São Paulo, mesmo após a sua vocação, ainda fabricante de tendas. Consequentemente, em tudo o que lhe acontecer, Ele esforçar-se-á por discernir e contemplar (por assim dizer) o semblante do seu Salvador. Sentirá que a verdadeira contemplação desse Salvador reside nos seus assuntos mundanos; que, assim como Cristo é visto nos pobres, nos perseguidos e nas crianças, assim Ele é visto nos ofícios que confia aos seus escolhidos, quaisquer que sejam; que, ao atender à sua própria vocação, estará encontrando Cristo; que, se a negligenciar, não por isso desfrutará mais da Sua presença, mas que, ao cumpri-la, verá Cristo revelado à sua alma no meio das ações ordinárias do dia, como por uma espécie de sacramento. Assim, Ele tomará os seus assuntos mundanos como um dom d'Ele e os amará como tal.

Ainda mais, Ele usará os seus assuntos mundanos como meio de o manter afastado de pensamentos vãos e infrutíferos. Uma causa do coração para conceber o mal é que lhe é dado tempo para o fazer. O homem que tem os seus deveres diários, que distribui o seu tempo para eles hora a hora, está salvo de uma multidão de pecados que não têm tempo para se apoderar dele. O remoer de insultos recebidos, o desejo por algum bem não concedido, o arrependimento pelas perdas que nos aconteceram, a perda de amigos pela morte, ou os ataques de pensamentos impuros e vergonhosos, estes são afastados daquele que se cuida de ser diligente e bem ocupado. O ócio é a ocasião de todo o mal. A ociosidade é o primeiro passo no caminho descendente que conduz ao inferno. Se não encontrarmos ocupação para envolver as nossas mentes, Satanás certamente encontrará a sua própria ocupação para elas. Aqui vemos as diferenças de motivo com que um religioso e um homem mundano podem realizar a mesma ação. Suponhamos que uma pessoa tenha sofrido alguma aflição triste, como um luto: os homens deste mundo, não encontrando prazer na religião e não gostando de meditar numa perda irreparável para eles, para afogar a reflexão, entregam-se a ocupações mundanas para desviar os seus pensamentos e afastar a tristeza. O Cristão, nas mesmas circunstâncias, faz o mesmo, mas é por medo de que possa relaxar e enfraquecer a sua mente com um sofrimento estéril; por temor de se tornar descontente; por acreditar que está a agradar melhor a Deus e que é mais provável assegurar a sua paz, não perdendo tempo; por sentir que, longe de esquecer aqueles que perdeu ao agir assim, apenas desfrutará do pensamento deles de forma mais verdadeira e mais religiosa.

"Por fim, vemos que julgamento dar numa questão por vezes debatida: se se deve retirar dos nossos assuntos mundanos no fim da vida, para dedicar os nossos pensamentos mais inteiramente a Deus. Desejar fazê-lo é tão natural que suponho não haver ninguém que não o queira. Muitas pessoas não têm esse privilégio, e muitas outras têm-no devido a enfermidades crescentes ou à extrema velhice; Mas todos, creio eu, se lhes fosse permitido escolher, considerariam um privilégio poder fazê-lo, embora muitos achassem difícil determinar qual seria o momento oportuno.

Mas consideremos qual é a razão deste desejo tão natural. Temo que muitas vezes não seja um desejo religioso, muitas vezes apenas parcialmente religioso. Temo que um grande número de pessoas que se retiram dos negócios do mundo o façam sob a noção de que então irão desfrutar um pouco, à semelhança do homem rico no Evangelho, que disse: 'Alma, tens muitos bens depositados para muitos anos' (Lucas 12:19). Se este for o objetivo predominante de alguém, claro que não preciso dizer que é um pecado mortal, pois o próprio Cristo assim o afirmou. Há outros que são movidos por um sentimento misto; Eles sabem que não dedicam à religião o tempo que deveriam; Eles não vivem segundo uma regra; Não, eles não se satisfazem com a correção ou retidão de algumas das práticas ou costumes que o seu modo de vida lhes exige, e cansam-se do negócio ativo à medida que a vida avança, desejando estar em repouso. Assim, olham para os seus últimos anos como um tempo de retiro, no qual possam tanto desfrutar como preparar-se para o Céu. E assim, satisfazem tanto a sua consciência como o seu amor pelo mundo. Presentemente, a religião é-lhes penosa; mas então, como esperam, o dever e o prazer andarão juntos. Agora, deixando de lado todos os outros erros que tal estado de espírito evidencia, note-se que, se atualmente não servem

Deus de todo o coração, mas esperam um tempo em que o farão, então é claro que, quando finalmente deixarem de lado as preocupações mundanas e se voltarem para Deus, se é que alguma vez o fizerem, esse tempo deverá necessariamente ser um tempo de profunda humilhação, se quiser ser aceitável para Ele, e não um retiro confortável. Quem alguma vez ouviu falar de um arrependimento prazeroso, fácil e alegre? É uma contradição em termos. Estes homens, se refletirem um momento, devem confessar que o seu modo de vida presente, supondo que não seja tão rigoroso quanto deveria ser, está a acumular lágrimas e gemidos para os seus últimos anos, e não gozo. Quanto mais tempo viverem como vivem atualmente, menos provável será que se arrependam; mas mesmo que o façam, mais amargo e doloroso será o seu arrependimento. A única forma de escapar ao sofrimento pelo pecado no futuro é sofrer por ele aqui. Tristeza aqui ou miséria depois; não podem escapar a um nem a outro.

"Não por qualquer motivo mundano, portanto, nem por motivo presunçoso ou incrédulo, deseja o Cristão lazer e retiro para os seus últimos anos. Antes, contenta-se com estas bênçãos, e o mais elevado Cristão de todos é aquele cujo coração está tão fixo em Deus, que não deseja nem necessita delas; cujo coração está tão fixo nas coisas do alto, que as coisas de baixo tão pouco o excitam, agitam, perturbam, afligem e seduzem, como param o curso da Natureza, como param o sol e a lua, ou mudam o verão e o inverno. Assim foram os Apóstolos, que, como os corpos celestes, saíram para 'todas as nações' cheios de trabalho, e ainda assim cheios de doce harmonia, até aos confins da terra. A sua vocação era celestial, mas o seu trabalho era terreno; estiveram em labor e tribulação até ao fim; Contudo, considera quão calmamente São Paulo e São Pedro escrevem nos seus últimos dias. São João, por outro lado, foi grandemente permitido retirar-se dos cuidados do seu pastoreio, e tal, digo eu, será o desejo natural de todo homem religioso, seja o seu ministério espiritual ou secular; mas não para começar a fixar a sua mente em Deus, mas simplesmente porque, embora possa contemplar Deus tão verdadeiramente e ser tão santo de coração em negócios ativos como em quietude, ainda é mais apropriado e conveniente enfrentar o golpe da morte (se nos for permitido) silenciosamente, coletivamente, solenemente, do que numa multidão e tumulto. E é por isso, entre outras razões, que rezamos na Ladainha para sermos libertados 'da morte súbita.'

"Em suma, o que disse resume-se a isto: enquanto Adão foi condenado ao trabalho como castigo, Cristo, pela Sua vinda, santificou-o como meio de graça e sacrifício de ação de graças, um sacrifício alegremente oferecido ao Pai em Seu nome."

"Que Deus nos conceda graça nas nossas diversas esferas e posições para fazer a Sua vontade e adornar a Sua doutrina; para que, quer comamos e bebamos, quer jejuemos e oremos, trabalhemos com as mãos ou com a mente, viajemos ou permaneçamos em repouso, possamos glorificar Aquele que nos comprou com o Seu próprio sangue!"

Oração para as Tempestades da Vida

(Do Raccolta)

"Tu vês, ó Senhor, como de todos os lados os ventos se soltam sobre nós, e o mar se agita com a violenta comoção das ondas. Tu, que és o único capaz, ordena, suplicamos, os ventos e as ondas. Restaurar à humanidade aquela verdadeira paz que o mundo não pode dar, a paz que provém da boa ordem. Que os homens, impelidos pela tua graça, retornem a um curso de vida justo e ordenado, praticando novamente, como devem, o amor para com Deus, a Justiça e a caridade no trato com o próximo, a temperança e o domínio próprio nas suas próprias vidas. Venha o teu reino, e que aqueles que agora procuram vã e laboriosamente a Verdade e a Salvação, afastados de Ti, compreendam que devem viver como teus servos em sujeição a Ti. As tuas leis manifestam a tua Justiça e paternal mansidão, e para nos facultar o seu cumprimento, Tu proveis livremente pela tua Graça os meios prontos. A vida do homem na terra é uma guerra, mas 'Tu mesmo contemplas a luta, ajudas o homem a vencer, ergues-no quando cai e coroas-o quando é vitorioso.'

Uma Oração para que se Faça a Vontade de Deus

Tomás de Kempis

Imitação de Cristo, Livro 3, Capítulo 15

"Concede-me a Tua graça, Jesus misericordiosíssimo, para que esteja comigo e comigo permaneça até ao fim.

"Concede-me sempre querer e desejar aquilo que Te é mais agradável e que mais Te apraz.

"Que a Tua vontade seja a minha, e que a minha vontade siga sempre a Tua, concordando perfeitamente com ela.

"Que eu queira sempre ou não queira o mesmo que Tu: e que não possa querer ou não querer de outra forma senão como Tu quiseres ou não quiseres.

"Concede que eu morra para todas as coisas que há no mundo; e por amor a Ti, ame ser desprezado e não ser conhecido neste mundo.

"Concede que eu descanse em Ti acima de todas as coisas desejadas e que o meu coração esteja em paz em Ti.

"Tu és a verdadeira paz do coração; Tu és o seu único descanso: fora de Ti, todas as coisas são duras e inquietas.

"Nesta paz, na mesma que está em Ti, o único soberano, eterno Deus, dormirei e descansarei. Amém (Salmo 4:9)."

Não devemos confiar nos homens, mas somente em Deus

"Louvai ao Senhor, ó minha alma, na minha vida louvarei ao Senhor; cantarei ao meu Deus enquanto eu viver.

"Não confieis em príncipes, nem nos filhos dos homens, em quem não há salvação.

"O seu espírito partirá e tornará à sua terra; naquele dia, todos os seus pensamentos perecerão.

"Bem-aventurado aquele que tem o Deus de Jacó por seu ajudador, cuja esperança está no Senhor, seu Deus; que fez o céu e a terra, o mar e tudo o que neles há.

"Que guarda a verdade para sempre; que executa o julgamento para os que sofrem injustiça; que dá alimento aos famintos.

"O Senhor liberta os cativos; o Senhor ilumina os cegos.

"O Senhor levanta os abatidos; o Senhor ama os justos.

"O Senhor guarda os estrangeiros, sustenta o órfão e a viúva; e destruirá os caminhos dos pecadores.

"O Senhor reinará para sempre: o teu Deus, ó Sião, de geração em geração" (Salmo 145).

SEXTA MEDITAÇÃO
A EUCARISTIA, A NECESSIDADE DO NOSSO CORAÇÃO

De São Pedro Julião Eymard,

(A Presença Real)

Por que está Jesus Cristo na Eucaristia? "Poderíamos dar várias respostas a esta pergunta. Mas aquela que as compreende todas é esta: Ele está presente porque nos ama, e porque deseja que O amemos. O Amor – essa é a razão da instituição da Eucaristia.

"Sem a Eucaristia, o amor de Jesus Cristo seria para nós um amor morto, um amor passado, que logo esqueceríamos, e que quase seria perdoável esquecermos. O amor tem as suas leis, as suas exigências. Só a Eucaristia as satisfaz plenamente. Por ela, Jesus Cristo tem todo o direito de ser amado, porque nela testemunha o seu amor infinito por nós.

"Agora, o amor natural, tal como Deus colocou em nossos corações, exige três coisas: a presença do amado, ou vida social; comunhão de bens; e união perfeita.

"A ausência é a dor da amizade, o seu tormento. A distância enfraquece e, se for demasiado prolongada, acaba por matar a amizade mais firme.

"Se Nosso Senhor está longe de nós, afastado de nós, o nosso amor por Ele sofrerá o efeito dissolvente da ausência. Está na natureza do amor do homem exigir, para viver, a presença do objeto amado.

"Eis os pobres Apóstolos enquanto Nosso Senhor estava no túmulo. Os discípulos de Emaús confessaram que quase perderam a fé porque já não tinham o seu bom Mestre.

"Ah! Se Nosso Senhor nos tivesse deixado sem outro penhor do Seu Amor senão Belém e Calvário – pobre Salvador! Quão depressa O teríamos esquecido! Que indiferença! "O Amor deseja ver, ouvir, conversar, tocar.

"Nada substitui o Amado, nem recordações, nem presentes, nem retratos. Tudo o que está sem Vida.

"Nosso Senhor sabia-o bem. Nada poderia substituir a Sua Pessoa. Precisamos do próprio Nosso Senhor.

"Mas a Sua Palavra? Não, ela já não soa. Já não ouvimos os acentos comoventes que caíam dos lábios do Salvador.

"O Seu Evangelho? É um testamento.

"Mas os Seus Sacramentos – não dão Vida? Ah! É necessário o Autor da Vida para a sustentar em nós!

"A Cruz? Não; sem Jesus, ela apenas entristece!

"Mas a esperança? Sem Jesus, é agonia!

"... Poderia Jesus desejar reduzir-nos a um estado tão triste de viver e lutar sem Ele?

"Oh, deveríamos ser demasiado infelizes sem Jesus presente connosco! Exilados, sozinhos sobre a terra, obrigados a privar-nos dos bens terrenos, das consolações da Vida, enquanto o mundano tem tudo o que deseja – a Vida seria insuportável!

"Mas com a Eucaristia! Com Jesus no meio de nós... De dia e de noite, acessível a todos, esperando por cada um na Sua casa sempre aberta, admitindo os humildes, chamando-os com predileção marcada – ah! A Vida é menos amarga. Ele é o bom Pai no meio dos Seus filhos. É a vida social com Jesus.

"E que sociedade! Sociedade que nos torna melhores, que nos eleva! E que facilidades para as relações sociais com o Céu, com Jesus Cristo, Ele próprio, em Pessoa!

"É, de facto, a doce companhia de uma amizade simples, amorosa, familiar e íntima.

"Ah! Foi necessário!

"O Amor deseja a comunhão dos bens, a posse comum. Quer partilhar a felicidade e a infelicidade. Dar é a sua natureza, o seu instinto, dar tudo com alegria, com prazer. "E assim, Jesus Cristo no Santíssimo Sacramento dá com profusão, com prodigalidade, os Seus méritos, as Suas graças, sim, até a Sua glória! Oh, como Ele está ansioso por dar! Nunca recusa.

"E Ele dá-Se a todos, e sempre.

"Ele cobre o mundo com Hóstias consagradas. Deseja que todos os Seus filhos O possuam. Ainda restam doze cestos dos cinco pães multiplicados no deserto. Todos devem receber algum!

"Jesus Cristo desejaria envolver o mundo no Seu véu sacramental, para fecundar todas as nações nas águas da Vida que se perdem no oceano da eternidade, mas somente depois de ter saciado a sede e fortalecido o último dos eleitos.

"Ah! é bem para nós, para todos nós, ó Jesus Eucarístico!

"O Amor tende à união, a união dos que amam, a fusão de dois em um, de dois corações em um só coração, de dois Espíritos em um só, de duas Almas em uma só.

"... Jesus submeteu-Se a esta Lei do Amor, que Ele mesmo estabelecera. Depois de ter partilhado o nosso estado, a nossa Vida, Ele dá-Se na Comunhão; Ele absorve-nos em Si.

"União Divina das almas, sempre mais perfeita, sempre mais íntima na proporção da vivacidade dos nossos desejos! *In meanet, et ego in eo.* – Ele em mim, e eu n'Ele. Permanecemos n'Ele; Ele habita em nós. Tornamo-nos um só com Ele até que o Céu consuma, em união eterna e gloriosa, a união inefável iniciada aqui em baixo pela Graça e aperfeiçoada pela Eucaristia!

"O Amor vive, então, com Jesus presente no Santíssimo Sacramento. Partilha todas as riquezas de Jesus. Está unido a Jesus.

"As necessidades do nosso coração estão satisfeitas. Não pode exigir mais.

"Creemos no Amor de Deus por Nós. – Palavra de profunda significação!

"Exige-se de todo Cristão fé na Verdade das palavras e promessas divinas. Isso é simplesmente fé. Mas a fé do Amor é superior e mais perfeita. É a coroa da primeira.

"A fé na Verdade seria estéril se não conduzisse à fé no Amor.

"Que amor é esse em que devemos crer?

"É o amor de Jesus Cristo, o amor que Ele nos testemunha na Eucaristia, o amor que é Ele próprio, amor vivo e infinito. "Felizes os que creem no amor de Jesus Cristo na Eucaristia! Eles amam, pois crer é amar.

"Aqueles que se contentam em crer na Verdade da Eucaristia amam pouco ou nada. Mas que provas do Seu amor Nosso Senhor nos deu na Eucaristia?

"Em primeiro lugar, Nosso Senhor deu-nos a Sua palavra nesse sentido. Ele diz-nos que nos ama, que instituiu o Seu Sacramento somente por amor a nós. Portanto, é verdade.

"Acreditamos num homem honrado pela sua palavra. Por que haveríamos de ter menos fé na palavra de Nosso Senhor?

"Quando um amigo deseja provar ao seu amigo que o ama, diz-lho e aperta-lhe a mão com afeto.

"Quando Nosso Senhor quer mostrar o Seu amor por nós, faz-o pessoalmente, dispensando a intervenção de qualquer terceiro, seja angélico ou humano. O Amor não suporta agentes intermediários.

"Ele permanece na Sagrada Eucaristia para nos repetir incessantemente: 'Eu amo-Te! Deves ver que Eu Te amo!'

"Nosso Senhor tinha tanto medo de que eventualmente O esquecêssemos que tomou morada no meio de nós, fez Sua casa entre nós, colocou Seu serviço ao nosso alcance para que não pudéssemos pensar n'Ele sem recordar o Seu amor. Dando-Se assim, esperava, talvez, não ser esquecido pelos homens.

"Quem reflete seriamente sobre a Eucaristia, mas, acima de tudo, quem nela participa, deve sentir-se convencido de que Nosso Senhor o ama. Sente que tem n'Ele um Pai. Sente que é amado como filho. Ele sente que tem o direito de ir a Ele como a um Pai e de falar-Lhe livremente. Quando está na igreja, aos pés do sacrário, sente-se em casa com o seu Pai. Ele sente isso.

"Ah! Compreendo por que os Fiéis gostam de viver perto das igrejas, sob a sombra do lar paternal.

"Assim, Jesus, no Santíssimo Sacramento, diz-nos que nos ama. Ele repete-o interiormente e faz-nos sentir isso. Creiamos no Seu amor.

"Jesus ama-nos pessoalmente, individualmente?" A esta pergunta, só há uma resposta: Pertencemos à família Cristã? Numa família, o pai e a mãe não amam cada filho com igual amor? E se tivessem alguma preferência, não seria pelo mais delicado ou enfermo?

"Nosso Senhor tem por nós, pelo menos, o sentimento de um bom Pai.

"Por que Lhe recusamos esse carácter?

"Mas ainda mais, vê como Nosso Senhor exerce para cada um de nós o Seu amor pessoal. Ele vem todas as manhãs para ver cada um dos Seus filhos, em particular, para o visitar, falar com Ele e abraçá-lo. Embora venha com tanta frequência, a Sua visita é sempre tão graciosa, tão amorosa como se fosse a primeira vez. Ele não envelheceu. Nunca se cansa de nos amar e de se dar a cada um de nós.

"Não se dá Ele todo e inteiro a cada um? E se os comunicantes são mais numerosos do que as Hóstias, não se divide Ele por eles? Alguma vez dá menos a alguém?

"Mesmo que a Igreja esteja cheia de adoradores, não pode cada um de nós rezar a Jesus, conversar com Ele? E não é ouvido, não é respondido tão favoravelmente como se estivesse sozinho na Igreja?

"Tal é o amor pessoal de Jesus. Cada um O recebe inteiro e não faz mal a ninguém. Assim como o sol derrama a sua luz sobre todos e cada um, assim como o oceano pertence inteiramente a todos e a cada um dos peixes, assim Jesus pertence a todos nós. Ele é maior do que todos. Ele é inesgotável.

"Outra prova inegável do Amor de Nosso Senhor é a persistência desse Amor no Santíssimo Sacramento.

"Quão comovente é este pensamento para a alma que o compreende! Inúmeras Missas são celebradas diariamente por todo o mundo. Elas sucedem-se quase sem interrupção. E quantas dessas Missas, nas quais Jesus se oferece por nós, são assistidas por poucos, quantas sem assistentes? Enquanto, neste novo Calvário, Jesus clama por Misericórdia, os pecadores ultrajam Deus e o Seu Cristo.

"Por que Nosso Senhor renova os Seus Sacrifícios com tanta frequência, se não tiramos proveito disso?

"Por que Ele permanece dia e noite nos nossos altares, aos quais ninguém vem receber as graças que Ele oferece de mãos cheias?

"Porque Ele é amoroso, Ele é esperança, Ele está à espera! Se Jesus viesse aos nossos altares apenas em certos dias, Ele temeria que algum pecador, impelido pelo desejo de voltar a Ele, pudesse vir à sua procura e, não encontrando-O, se afastasse sem esperar por Ele. Por isso prefere esperar pelo pecador, anos longos Ele mesmo, a fazê-lo esperar um instante, a desencorajá-lo, talvez, quando quer escapar da escravidão do pecado."

"Oh, quão poucos têm sequer uma ideia remota do amor de Jesus no Santíssimo Sacramento! E, no entanto, é verdade! Oh, não temos fé no amor de Jesus! Trataríamos um amigo, trataríamos qualquer homem, como tratamos Nosso Senhor?"

A Alma Devota Deve Ansiar de Todo o Coração pela União com Cristo no Sacramento

Tomás de Kempis
Imitação de Cristo, Livro 4, Capítulo 13

"Quem me dará, ó Senhor, encontrar-Te sozinho, para que eu possa abrir-Te todo o meu coração e gozar-Te como a minha alma deseja;" ninguém contemplando-me, nem qualquer criatura interessando-se por mim, ou de algum modo afetando-me, senão Tu sozinho falando comigo, e eu contigo, como o Amado costuma falar ao seu Amado, e um amigo entretendo-se com o seu amigo.

"Isto eu peço, isto desejo, que possa estar totalmente unido a Ti, e retirar o meu coração de todas as coisas criadas; e pela Sagrada Comunhão ... possa cada vez mais aprender a apreciar as coisas celestiais e eternas.

"Ah! Senhor Deus, quando estarei totalmente unido e absorvido em Ti, e completamente esquecido de mim mesmo? Tu em mim e eu em Ti; e assim concede-nos a ambos continuar em unidade.

"Na verdade, Tu és o meu Amado, o mais escolhido entre milhares, em quem a minha alma se deleita em habitar todos os dias da minha Vida.

"Na verdade, Tu és o meu Pacificador, em quem há paz soberana e verdadeiro descanso; de onde provêm o trabalho, a tristeza e a miséria sem fim.

"Tu és, em verdade, um Deus oculto, e o teu conselho não está com os ímpios; mas a tua conversa é com os humildes e os simples.

"Oh! quão doce é o teu Espírito, ó Senhor, que, para mostrar a tua doçura para com os teus filhos, dignaste alimentar-lhes com o pão mais delicioso que desce do céu.

"Certamente não há outra nação tão grande que tenha o seu Deus tão perto deles, como Tu, nosso Deus, estás presente para os teus fiéis; a quem, para o seu conforto diário e para a elevação dos seus corações ao céu, Te dás para ser comido e desfrutado.

"Pois que outra nação há tão honrada como o povo cristão?

"Ou que criatura sob o céu é tão amada como uma alma devota, na qual Deus entra para a alimentar com a Sua gloriosa

Carne? Ó graça inexprimível! Ó maravilhosa condescendência!

"Ó amor infinito! Singularmente concedido ao homem.

"Mas que retorno darei ao Senhor por esta graça, e por tão extraordinária caridade?

"Nada posso dar-Lhe que Lhe agrade mais do que entregar o meu coração inteiramente a Deus e uni-lo estreitamente a Ele.

"Então tudo o que há em mim se alegrará sobremaneira, quando a minha Alma estiver perfeitamente unida ao meu Deus; então Ele me dirá: Se quiseres estar comigo, Eu estarei contigo; e Eu Lhe responderei: Concede, ó Senhor, permanecer comigo, e Eu estarei contigo de bom grado.

"Este é todo o meu desejo: que o meu coração esteja unido a Ti."

SÉTIMA MEDITAÇÃO
A NOSSA BEM-AVENTURADA MÃE

Certas formas modernas de Cristianismo falam do Menino, mas nunca uma palavra sobre a Mãe do Menino. O Menino de Belém não caiu dos Céus numa cama de palha, mas veio a este mundo pelas grandes portas da carne. Os filhos são inseparáveis das mães, e as mães inseparáveis dos filhos. Assim como não podes ir a uma estátua de uma mãe segurando um bebé e cortar a mãe, deixando o bebé suspenso no ar, também não podes separar a Mãe do Menino de Belém. Ele não esteve suspenso no ar na história, mas, como todos os outros bebés, veio ao mundo por meio da Sua Mãe. Enquanto adoramos a Criança, não deveríamos então venerar a Sua Mãe? E, enquanto nos ajoelhamos perante Jesus, não deveríamos ao menos apertar a mão de Maria por nos ter dado tal Salvador? Há um grave perigo de que, ao celebrarmos um Natal sem a Mãe, possamos em breve chegar ao ponto de celebrar o Natal sem o Menino, e esses dias já estão entre nós. Que absurdo é esse! Pois, assim como nunca pode haver um Natal sem um Cristo, também nunca pode haver um Cristo sem uma Maria. Afasta o véu do passado e, à luz da Revelação, descobre o papel e interpreta a parte que Maria desempenha no grande Drama da Redenção!

Deus Todo-Poderoso nunca inicia uma grande obra sem uma preparação abundante. As duas maiores obras de Deus são a Criação do primeiro homem, Adão, e a Encarnação do Filho de Deus, o novo Adão, Jesus Cristo. Mas nenhuma delas foi realizada sem uma preparação Divina própria.

Deus não fez a obra-prima da criação, que foi o homem, no primeiro dia, mas adiou-a até ter trabalhado durante seis dias a ornamentar o universo. De nenhuma matéria, mas somente pelo fiat da Sua vontade, a Onipotência moveu-se e disse ao Nada: «Seja»; E eis que as esferas caíram nas suas órbitas, passando umas pelas outras em bela harmonia, sem nunca um contratempo ou uma pausa. Depois vieram os seres vivos: as ervas que dão fruto como tributo inconsciente ao seu Criador; as árvores, com os seus braços frondosos, estendidos todo o dia em oração; E as flores, abrindo o cálice dos seus perfumes ao seu Criador. Com o labor que nunca se esgotava, Deus fez então as criaturas sensíveis para vaguearem, quer nos palácios aquáticos das profundezas, quer em asas para voar pelo espaço sem trilhas, ou ainda, sem asas, para vaguear pelo campo em busca do seu repasto e felicidade natural. Mas toda esta beleza, que inspirou o canto dos poetas e os traços dos artistas, não era suficientemente bela na Mente Divina para a criatura que Deus faria senhor e mestre do universo. Ele faria ainda mais: separaria como um jardim escolhido uma pequena porção da Sua criação, embelezando-a com quatro rios que corriam por terras ricas em ouro e ônix, permitindo que nela vagueassem as feras do campo como domésticos daquele jardim, para torná-lo um paraíso da mais intensa felicidade e prazer possível na terra. Quando finalmente aquele Éden foi embelezado, como só Deus sabe fazer as coisas belas, Ele lançou adiante a obra-prima da Sua criação, que foi o primeiro homem, e naquele paraíso de prazer celebraram-se as primeiras núpcias da humanidade – a união da carne com a carne do primeiro homem e da primeira mulher, Adão e Eva.

Agora, se Deus assim preparou para a Sua primeira grande obra, que foi o homem, fazendo o Paraíso da Criação, era ainda mais apropriado que, antes de enviar o Seu Filho para redimir o mundo, preparasse para Ele um Paraíso da Encarnação. E por muitos séculos longos, preparou-o por símbolos e profecias. Na linguagem dos tipos, Ele preparou as mentes humanas para alguma compreensão do que seria este novo Paraíso. A sarça ardente de Moisés, inundada com a glória de Deus e conservando no meio da sua chama a frescura da sua verdura e o perfume das suas flores, foi um símbolo de um novo Paraíso que conserva, na honra da sua maturidade, o próprio perfume da virgindade. A vara de Arão, florescendo na solidão do templo, enquanto isolada do mundo pelo silêncio e retiro, foi um símbolo daquele Paraíso que, num lugar de retiro e isolamento do mundo, geraria a própria flor da raça humana. A Arca da Aliança, onde as tábuas da Lei eram conservadas, foi um símbolo do novo Paraíso no qual a Lei, na Pessoa de Cristo, tomaria a Sua própria residência.

Deus preparou para esse Paraíso não só por símbolos, mas também por profecias. Mesmo naquele dia temível em que um anjo com uma espada flamejante foi colocado no primeiro jardim da criação, foi feita a profecia de que a serpente não venceria, mas que uma mulher esmagaria a sua cabeça. Mais tarde, Isaías e Jeremias saudaram aquele santo Paraíso como um que envolveria o homem.

Mas profetas e símbolos foram uma preparação demasiado distante. Deus trabalharia ainda mais no Seu Paraíso. Ele faria um Paraíso não invadido por ervas daninhas e cardos, mas florescendo com toda a flor da virtude; um Paraíso nas portas do qual o pecado nunca teria batido, contra os portões do qual a infidelidade nunca ousaria atacar; um Paraíso do qual não correriam quatro rios por terras ricas em ouro e ônix, mas quatro oceanos de graça para os quatro cantos do mundo; um Paraíso destinado a produzir a Árvore da Vida e, portanto, cheio de vida e graça em si mesmo; um Paraíso no qual se deveria tabernacular a própria Pureza e, portanto, imaculadamente puro; um Paraíso tão belo e sublime que o Pai Celestial não teria de se envergonhar ao enviar Seu Filho para ele. Aquele Paraíso do dom da carne da Encarnação, no qual seriam celebradas as núpcias, não do homem e da mulher, mas da humanidade e da divindade, é Nossa Própria Amada Maria, Mãe de Nosso Senhor e Salvador, Jesus Cristo.

Por que não deveria aquele Paraíso da Encarnação ser imaculado e puro? Por que ela não deveria ser imaculada e sem mancha? Suponha apenas que pudesse ter preexistido à sua própria mãe, da mesma forma que um artista preexiste à sua pintura. Além disso, suponha que tivesse um poder infinito para fazer da sua mãe tudo o que desejasse, assim como um grande artista como Rafael tem o poder de realizar os seus ideais artísticos. Suponha que tivesse este duplo poder: que tipo de mãe teria criado para si? Teria feito dela um tipo que o faria corar por causa das suas ações desumanas e não maternais? Teria, de alguma forma, manchado e sujado a sua mãe com o egoísmo que a tornaria desagradável não só para si, mas também para o seu semelhante? Teria feito dela, exterior e interiormente, um carácter que o envergonhasse? Ou teria feito dela, no que diz respeito à beleza humana, a mulher mais bela do mundo; e no que concerne à beleza da alma, alguém que irradiaria toda a virtude, toda a espécie de bondade, caridade e formosura; alguém que, pela pureza da sua vida, da sua mente e do seu coração, seria uma inspiração não só para ti, mas mesmo para os teus semelhantes, de modo que todos a admirassem como a própria encarnação do que há de melhor na maternidade? Agora, se tu, que és um ser imperfeito e que não tens a conceção mais delicada de tudo o que é sublime na vida, desejarias a mãe mais formosa, achas que o nosso Bem-aventurado Senhor, que não só preexistiu à Sua própria mãe, mas que tinha um poder infinito para a fazer exatamente como Ele quisesse, faria dela, em virtude de toda a infinita delicadeza do Seu Espírito, alguém menos pura, amorosa e bela do que tu terias feito a tua própria mãe? Se tu, que odeias o egoísmo, e tu, que odeias a fealdade, a terias feito bela, não achas que o Filho de Deus, que odeia o pecado, teria feito a Sua própria mãe sem pecado, e Aquele que odeia a fealdade moral a teria feito imaculadamente bela?

Note como a Sagrada Escritura primeiro revela implicitamente e depois explicitamente que Maria é a Mãe dos

Cristãos. São Lucas, ao narrar o nascimento de Nosso Senhor, diz que Maria deu à luz o seu "primogénito." Certos críticos argumentaram que isso significava que a nossa Bem-Aventurada Mãe teve outros filhos segundo a carne, embora, de facto, as Escrituras indiquem claramente que Ela era virgem. A expressão "primogénito" pode, de facto, significar que Maria haveria de ter outros filhos, não pela carne, mas pelo Espírito. Sugere que Ela haveria de ter uma prole espiritual, que constituiria o Corpo Místico do seu Divino Filho, assim como Eva é chamada a "mãe de todos os viventes" ou a mãe dos homens na ordem natural. Sara deu apenas um filho ao pai dos crentes, Abraão, e, no entanto, é chamada a mãe de todo o Israel. Há uma clara sugestão nas palavras "primogénito" de que aquela que gerou corporalmente a Cabeça da Igreja haveria também de gerar espiritualmente os membros da Igreja. Visto que a Cabeça e o Corpo são inseparáveis, é, portanto, verdadeiro dizer que, assim como Maria gerou Cristo no seu ventre, Ela carregava virtualmente todo o Corpo Místico. A mãe terra que gera a videira também gera os ramos.

Quando finalmente o Verbo se fez carne, e Ela O apresenta no templo no quadragésimo dia para a purificação, o papel de Maria na Redenção torna-se ainda mais claro. José estava com Ela naquele dia, mas o ancião Simeão falou apenas com Ela e lembrou-lhe que Ela seria traspassada pela espada da dor. Simeão, cheio do Espírito profético, aguardava o dia em que este Menino, o novo Adão, expiaria o pecado na Cruz, como o Homem das Dores, e onde Ela, como a nova Eva, cooperaria nessa Redenção como a Mulher das Dores. Simeão praticamente dizia-lhe que o Éden se tornaria Calvário, a árvore seria a Cruz, e Ela seria a Mãe do Redentor. Mas se Ela é a Mãe do Redentor, não estaria também chamada a ser a Mãe dos Redimidos? E se Cristo foi o seu primogénito, não seriam os Redimidos os seus outros filhos, irmãos de Cristo e filhos do Pai Celestial?

Tudo isto se tornou mais claro quando Nosso Senhor começou a pregar. Um dia, enquanto Ele partia o pão da Verdade para a multidão, alguém na multidão anunciou que Sua Bem-Aventurada Mãe O procurava. «Mas Ele respondeu e disse àquele que Lhe disse: 'Quem é minha mãe?'...» E, estendendo a mão para os seus discípulos, disse: «Eis aqui minha mãe e meus irmãos! Porque quem faz a vontade do meu Pai que está nos Céus, esse é meu irmão, irmã e mãe» (Mt 12, 48-50). Estas palavras não significavam uma negação da Sua Bem-Aventurada Mãe, a quem Ele amava depois do Seu próprio Pai Celestial; antes significavam que existem outros laços além dos da carne. O mundo estava a ser preparado para o significado mais pleno e profundo das palavras «primogénito». Esse dia chegou na sexta-feira chamada Boa e, num monte chamado Calvário, Nosso Senhor já havia dado as Suas vestes aos Seus executores. Mais tarde, Ele entregaria o Seu Corpo ao sepulcro e o Seu Espírito ao Seu Pai. Mas ainda tinha dois dons preciosos a conceder: o Seu amado discípulo João e a Sua dolorosa Mãe, Maria. A quem poderia Ele dar tais dons senão um ao outro? E assim, a João, como representante da amada humanidade redimida, Ele diz: «Eis a tua Mãe.» Depois, olhando para Sua Mãe, disse – não «Mãe», mas «Mulher», para lhe recordar a sua relação universal com a raça do Redentor – «Mulher, eis o teu filho.» «Eis o teu filho» – ela já tinha um Filho; Ele estava pendurado na árvore da ignomínia. Agora ela teria outro, um filho de Zebedeu. João, então, era o seu segundo filho! Tudo se torna claro. O Seu Filho disse-lhe que havia outra Maternidade além daquela da carne; agora ela percebe quão literalmente verdadeiro era. Ela deu à luz o seu primogénito em Belém, e o Seu nome é Jesus; Ela dá à luz o seu segundo filho no Calvário. Maria estava destinada a ter outros filhos além de Jesus, mas eles deveriam nascer não da sua carne, mas do seu coração. Mãe de Cristo foi Ela na Cruz. O seu primogénito em Belém foi gerado na alegria, mas a maldição de Eva pairava sobre os seus sofrimentos na Cruz, pois Ela agora, como Eva, dava à luz os seus filhos em dor. Naquele momento, Maria sofreu as dores do parto espiritual pelas milhões de almas que seriam chamadas à filiação adotiva do Pai, à fraternidade de Cristo e à alegria de a chamar Mãe. O cálice da sua dor na Cruz, como o do seu Filho, estava cheio até à borda, e ninguém sabe quanto Ela sofreu para se tornar nossa Mãe espiritual ou a Mãe do Corpo Místico do seu Divino Filho. Só sabemos que as milhões de mártires ao longo de todas as eras Cristãs consideram as suas dores insignificantes comparadas às dela e não hesitam em chamá-la Rainha dos Mártires.

Se Nosso Salvador pudesse ter pensado em algum meio melhor de nos conduzir de volta a Ele, teria confiado as nossas almas a outras mãos que não as dEla.

Dizem-se muitas falsidades acerca da Igreja Católica. Uma delas é que os católicos adoram Maria. Isto é absolutamente falso. Maria é uma criatura, humana, não divina. Os católicos não adoram Maria. Isso seria idolatria. Mas eles a reverenciam.

E àqueles cristãos que esqueceram Maria, poderemos perguntar se é próprio esquecer aquela que Ele lembrou na Cruz? Não terão eles algum amor por aquela mulher através das portas da sua carne, como Porta do Céu, por onde Ele veio à terra?

Uma das razões pelas quais tantos cristãos perderam a fé na Divindade de Cristo é porque perderam toda a afeição por aquela cujo corpo branco, como Torre de Marfim, aquele Infante escalou «para beijar nos seus lábios uma rosa mística.»

Não há cristão algum em todo o mundo que reverencie Maria e que não reconheça Jesus, seu Filho, como Verdadeiramente o Filho do Deus Vivo. O prudente Cristo na Cruz conhecia o modo prudente de preservar a crença na Sua Divindade, pois quem melhor do que uma Mãe conhece o seu filho?

O dom de Maria fez algo ao homem, pois deu-lhe um amor ideal.

Quase nunca houve uma mãe na história do mundo que, em algum momento, não tenha dito ao seu filho ou filha: «Nunca faças nada do que a tua mãe se envergonharia.»

Quanto mais nobre o amor, mais nobre o carácter; e que amor mais nobre poderia ser dado aos homens do que a mulher que o Salvador do mundo escolheu como Sua própria Mãe?

Por que razão o mundo confessou a sua incapacidade de incutir virtude nos jovens? Muito simplesmente porque não correlacionou a moralidade com nenhum amor mais nobre do que o amor-próprio. As coisas mantêm a sua proporção e cumprem o seu papel próprio apenas quando integradas num todo maior.

A maioria das vidas é como portas sem dobradiças, ou mangas sem casacos, ou arcos sem violinos; isto é, não relacionadas com totais ou propósitos que lhes deem significado.

A ênfase moderna no sexo é resultado de separar uma função de um propósito, uma parte de um todo. Nunca pode ser tratado adequadamente a menos que integrado num padrão maior e feito para o servir.

Esse é, até certo ponto, o papel que Nossa Bem-Aventurada Mãe desempenha na vida moral da nossa juventude católica. Ela é aquele amor ideal pelo qual amores e impulsos inferiores e vãos são sacrificados.

O nível de qualquer civilização é o nível da sua feminilidade. O que elas são, os homens serão, pois o amor sempre se dirige para satisfazer as exigências do objeto amado. Tendo uma mulher como a Mãe de Nosso Senhor como nossa

Mãe sobrenatural, temos uma das maiores inspirações para uma vida mais nobre que este mundo alguma vez conheceu.

À Nossa Senhora –

Formosa Senhora Vestida de Azul

Formosa Senhora vestida de azul

Ensina-me a rezar!

Deus era apenas o teu Menino,

Diz-me o que hei-de dizer!

Por vezes, levantaste-O,

Suavemente, ao colo?

Cantaste-Lhe como

A Mãe canta a mim?

Seguraste a Sua mão à noite?

Alguma vez tentaste

Contar histórias do mundo?

Ó! E Ele chorou?

Realmente pensas que Ele se importa

Se Lhe contar coisas —

Pequenas coisas que acontecem? E

As asas dos Anjos

Fazem barulho? E pode Ele ouvir

Se eu falar baixinho?

Ele entende-me agora?

Diz-me — pois tu sabes?

Bela Senhora vestida de azul

Ensina-me a rezar!

Deus era apenas o teu Menino,

E tu sabes o caminho.

(Mary Dixon Thayer)

Salve Regina

Salve, Rainha Santa, Mãe de Misericórdia. Salve a nossa Vida, a nossa Doçura e a nossa Esperança! A Ti clamamos, pobres filhos desterrados de Eva; a Ti suspiramos, gemendo e chorando neste vale de lágrimas. Volta, pois, advogada nossa, os Teus olhos misericordiosos para nós; e depois deste desterro, mostra-nos Jesus, fruto bendito do Teu ventre. Ó Clemente, Ó Amorosa, Ó Doce Virgem Maria. Rogai por nós, Santa Mãe de Deus, para que sejamos dignos das promessas de Cristo. Amém.

Ave Maria

Ave Maria, cheia de graça, o Senhor é contigo: bendita és tu entre as mulheres, e bendito é o fruto do teu ventre, Jesus. Santa Maria, Mãe de Deus, rogai por nós pecadores, agora e na hora da nossa morte. Amém.

Litania da Bem-Aventurada Virgem Maria

Senhor, tende misericórdia de nós.

Cristo, tende misericórdia de nós.

Senhor, tende misericórdia de nós. Cristo, ouvi-nos.

Cristo, ouvi-nos com bondade.

Deus Pai do Céu, tende misericórdia de nós.

Deus Filho, Redentor do mundo, tende misericórdia de nós.

Deus, Espírito Santo, tende misericórdia de nós.

Santíssima Trindade, um só Deus, tende misericórdia de nós.

Santa Maria, rogai por nós.

Santa Mãe de Deus, rogai por nós.

Santa Virgem das virgens, rogai por nós.

Mãe de Cristo, rogai por nós.

Mãe da graça divina, rogai por nós.

Mãe puríssima, rogai por nós.

Mãe castíssima, rogai por nós.

Mãe inviolável, rogai por nós.

Mãe imaculada, rogai por nós.

Mãe mui amável, rogai por nós.

Mãe mui admirável, rogai por nós.

Mãe do bom conselho, rogai por nós.

Mãe do nosso Criador, rogai por nós.

Mãe do nosso Salvador, rogai por nós.

Virgem mui prudente, rogai por nós.

Virgem mui venerável, rogai por nós.

Virgem mui ilustre, rogai por nós.

Virgem mui poderosa, rogai por nós.

Virgem mui misericordiosa, rogai por nós.

Virgem mui fiel, rogai por nós.

Espelho da Justiça, rogai por nós.

Trono da Sabedoria, rogai por nós.

Causa da nossa alegria, rogai por nós.

Vaso espiritual, rogai por nós.

Vaso de honra, rogai por nós.

Vaso singular de devoção, rogai por nós.

Rosa Mística, rogai por nós.

Torre de David, rogai por nós.

Torre de Marfim, rogai por nós.

Casa de Ouro, rogai por nós.

Arca da Aliança, rogai por nós.

Porta do Céu, rogai por nós.

Estrela da Manhã, rogai por nós.

Saúde dos Enfermos, rogai por nós.

Refúgio dos Pecadores, rogai por nós.

Consolador dos Aflitos, rogai por nós.

Auxílio dos Cristãos, rogai por nós.

Rainha dos Anjos, rogai por nós.

Rainha dos Patriarcas, rogai por nós.

Rainha dos Profetas, rogai por nós.

Rainha dos Apóstolos, rogai por nós.

Rainha dos Mártires, rogai por nós.

Rainha dos Confessores, rogai por nós.

Rainha das Virgens, rogai por nós.

Rainha de todos os Santos, rogai por nós.

Rainha concebida sem Pecado Original, rogai por nós.

Rainha do Santíssimo Rosário, rogai por nós.

Rainha da Paz, rogai por nós.

Cordeiro de Deus, que tirais os pecados do mundo.
Perdoai-nos, ó Senhor.

Cordeiro de Deus, que tirais os pecados do mundo.
Escutai-nos com bondade, ó Senhor.

Cordeiro de Deus, que tirais os pecados do mundo.
Tende misericórdia de nós.

Cristo, escutai-nos.

Cristo, escutai-nos com bondade.

Rogai por nós, ó Santa Mãe de Deus.

Para que sejamos dignos das promessas de Cristo.

Oremos

Derramai, suplicamos, ó Senhor, a Vossa graça em nossos corações; para que nós, a quem a Encarnação de Cristo Vosso Filho foi anunciada pelo mensageiro do céu, pela Sua paixão e cruz sejamos conduzidos à glória da Sua ressurreição. Por Cristo, Nosso Senhor.

Que a assistência divina permaneça sempre conosco.

Que as almas dos fiéis defuntos, pela misericórdia de Deus, descansem em paz. Amém.

Voamos para o teu amparo, ó santa Mãe de Deus, não desprezes as nossas súplicas nas nossas necessidades; mas livra-nos de todos os perigos, ó Virgem sempre gloriosa e bendita. Amém.

ORAÇÕES DE MEDITAÇÃO E PETIÇÃO

DA ARMADURA DE DEUS

E

LIVRETOS DA HORA SANTA

Cristo a uma Alma Fiel

Tomás de Kempis

A Imitação de Cristo, Livro 3, Capítulo 1

Felizes são as almas que ouvem o Senhor falando dentro delas, e de suas bocas recebem a palavra de conforto.

Felizes são os ouvidos que escutam os acentos do sussurro divino e não dão atenção aos sussurros do mundo.

Felizes, de facto, são aqueles ouvidos que escutam a própria Verdade ensinando interiormente, e que não atendem à voz que soa exteriormente.

Felizes os olhos que se fecham às coisas exteriores e se atentam ao interior. Felizes aqueles que penetram nas coisas internas e se esforçam por se preparar cada vez mais, por exercícios diários, para alcançar os segredos celestiais.

Felizes são aqueles que procuram estar inteiramente atentos a Deus e que se libertam de todo impedimento mundano.

Atenta para estas coisas, ó minha alma, e fecha as portas dos teus sentidos, para que possas ouvir o que o Senhor teu Deus fala dentro de ti.

Assim diz o teu Amado: Eu sou a tua salvação, a tua paz e a tua vida; Permanece em mim, e encontrarás a paz.

Deixa de lado todas as coisas transitórias e busca as coisas eternas.

Que são todas as coisas temporais, senão engano? E de que te valerão todas as coisas criadas, se fores abandonado pelo teu Criador?

Rejeita, pois, todas as coisas terrenas; Faz-te agradável ao teu Criador e fiel a Ele para que possas alcançar a verdadeira felicidade.

Oração para Seguir o Exemplo de Jesus Cristo

Tomás de Kempis

A Imitação de Cristo, Livro 3, Capítulo 18

Meu Filho, desci do céu para a tua salvação; Assumi as tuas misérias, não por necessidade, mas movido pelo amor, para que aprendesses a paciência e suportasses, sem queixas, as misérias desta vida. Pois, desde a hora do meu nascimento até ao meu expirar na Cruz, nunca estive sem sofrimento.

Senhor, porque foste paciente na vida, especialmente no cumprimento do mandamento do Pai, é justo que eu, um miserável pecador, segundo a Tua vontade, suporte tudo com paciência e, enquanto quiseres, suporte o fardo desta vida corruptível, para alcançar a minha salvação.

Ó, que grandes graças sou obrigado a dar-Te por teres dignado mostrar-me a mim e a todos os fiéis um caminho justo e bom para um reino eterno.

Se Tu não tivesses ido antes e nos instruído, quem teria cuidado de seguir-Te?

Eis que ainda somos mornos, não obstante todos os milagres e instruções que ouvimos. Que seria, então, se não tivéssemos esta grande luz pela qual Te seguir?

Oração Contra os Maus Pensamentos

Tomás de Kempis

A Imitação de Cristo - Livro 3, Capítulo 23

Ó Senhor, meu Deus, não Te afastes de mim. Ó meu Deus, apressa-Te em ajudar-me, pois diversos maus pensamentos e grandes temores se levantaram contra mim, afligindo a minha alma. Como os hei de passar sem dano? Como hei de romper através deles?

"E o povo os tomará e os levará ao seu lugar; e a casa de Israel os possuirá na terra do Senhor como servos e servas; e farão cativos os que os tinham feito cativos e subjugarão os seus opressores" (Isa. 14:2).

Eu, disse Ele, irei diante de Ti e humilharei os grandes da terra. Abrirei as portas da prisão e revelarei a Ti segredos ocultos.

Faz, como dizes, Senhor, e que todos estes pensamentos maus fujam da Tua face.

Esta é a minha esperança e o meu único consolo: voar para Ti em todas as tribulações, confiar em Ti, chamar-Te do fundo do meu coração e esperar pacientemente pela Tua consolação.

Oração para o Esclarecimento da Mente

Tomás de Kempis

A Imitação de Cristo, Livro 3, Capítulo 23

Ilumina-me, ó bom Jesus, com o brilho da luz interior, e lança toda a escuridão da morada do meu coração. Contém os meus muitos pensamentos errantes e suprime todas as tentações que me assaltam violentamente.

Luta fortemente por mim e vence estas feras malignas — refiro-me a estas concupiscências sedutoras — para que a paz se estabeleça no Teu poder, e a abundância do Teu louvor ressoe no Teu santo tribunal, que é uma consciência limpa.

Comanda os ventos e as tempestades; diz ao mar: "Acalma-te" e ao vento do norte: "Não sopres"; e uma grande calma se seguirá.

Envia a Tua luz e a Tua verdade para brilharem sobre a terra; pois sou como a terra, vazia e deserta até que Tu me ilumines.

Derrama a Tua Graça do alto; rega o meu coração com o orvalho do Céu. Envia as águas da devoção para lavar a face da terra, para produzir fruto bom e perfeito.

Eleva a minha mente, oprimida pelo peso dos pecados, e eleva todo o meu desejo para as coisas celestiais, para que, tendo provado a doçura da felicidade do Céu, não tenha prazer em pensar nas coisas da terra.

Afasta-me e liberta-me de todo o conforto instável das criaturas; pois nenhuma coisa criada pode acalmar e satisfazer plenamente os meus desejos.

Une-me a Ti por um vínculo inseparável de amor, porque só Tu podes satisfazer o amante, e sem Ti, todas as coisas são frívolas.

Oração pela Caridade e Tolerância

(Atribuído a Eusébio, Bispo de Cesareia)

Que eu não seja inimigo de ninguém, e que eu seja amigo daquilo que é eterno e permanece. Que eu nunca me desentenda com os que me são mais próximos; e, se o fizer, que me reconcilie rapidamente. Que eu nunca conceba o mal contra qualquer homem; se alguém conceber o mal contra mim, que eu escape ileso e sem necessidade de o ferir.

Que eu ame, procure e alcance somente aquilo que é bom. Que eu deseje a felicidade de todos os homens e não inveje ninguém. Que eu nunca me regozije com a má sorte de quem me tenha prejudicado.

Quando eu fizer ou disser o que é errado, que eu nunca espere a repreensão dos outros, mas que sempre me repreenda até reparar o dano. Que eu não obtenha vitória alguma que prejudique a mim ou ao meu adversário. Que eu reconcilie amigos que estejam zangados entre si.

Que eu, na medida do meu poder, conceda toda a ajuda necessária aos meus amigos e a todos os que estiverem necessitados. Que eu nunca falhe a um amigo em perigo.

Ao visitar os que estão de luto, que eu possa, com palavras suaves e curativas, aliviar a sua dor.

Que eu respeite a mim mesmo... Que eu sempre domine aquilo que arde dentro de mim...

Que eu me habitue a ser gentil e nunca me zangue com as pessoas por causa das circunstâncias.

Que eu nunca discuta quem é mau e quais as más ações que cometeu, mas conheça os homens bons e siga os seus passos, por Cristo Nosso Senhor. Amém.

Uma Oração Universal

(Composto pelo Papa Clemente XI)

Ó meu Deus, eu creio em Ti; fortalece a minha fé. Todas as minhas esperanças estão em Ti; protege-as. Eu amo-Te com todo o meu coração; Ensina-me a amar-Te cada dia mais e mais. Lamento ter ofendido a Ti; Faz, pois, que aumente a minha dor.

Adoro-Te como o meu primeiro princípio; Aspiro a Ti como o meu último fim. Dou-Te graças como meu constante benfeitor; Invoco-Te como meu soberano protetor.

Concede-me, ó meu Deus, conduzir-me pela Tua sabedoria, refrear-me pela Tua justiça, confortar-me pela Tua misericórdia, defender-me pelo Teu poder.

A Ti desejo consagrar todos os meus pensamentos, palavras, ações e sofrimentos; Para que doravante possa pensar em Ti, falar de Ti, referir constantemente todas as minhas ações à Tua maior glória, e sofrer voluntariamente tudo o que Tu dispuseres.

Senhor, desejo que em todas as coisas se faça a Tua vontade, porque é a Tua vontade, do modo que Tu quiseres, e pelo tempo que quiseres.

Rogo-Te que ilumines o meu entendimento, inflames a minha vontade, purifiques o meu corpo e santifiques a minha alma.

Concede que eu não me envaideça com orgulho, nem me deixe mover pela lisonja, enganar pelo mundo ou iludir pelo diabo.

Dá-me graça para purificar a minha memória, refrear a minha língua, conter os meus olhos e mortificar os meus sentidos.

Dá-me força, ó meu Deus, para expiar as minhas ofensas, vencer as minhas tentações, subjugar as minhas paixões e adquirir as virtudes próprias do meu estado.

Enche o meu coração com uma ternura de afeição pela Tua bondade, um ódio pelas minhas faltas, um amor pelo próximo e um desprezo pelo mundo.

Que eu me lembre sempre de ser submisso aos meus superiores, paciente com os meus inferiores, fiel aos meus amigos e caridoso para com os meus inimigos.

Concede, ó Jesus, que eu me lembre do Teu preceito e exemplo, amando os meus inimigos, suportando as injúrias, fazendo o bem aos que me perseguem e orando pelos que me caluniam.

Ajuda-me a vencer a Sensualidade pela mortificação, a avareza pelas obras de esmola, a ira pela mansidão e a tibieza pela devoção.

Ó meu Deus, fazei-me prudente nos meus empreendimentos, corajoso nos perigos, paciente nas aflições e humilde na prosperidade.

Concede que eu esteja sempre atento nas minhas orações, temperante nas refeições, diligente nos trabalhos e constante nas boas resoluções.

Que a minha consciência seja sempre reta e pura, o meu exterior modesto, a minha conversa edificante e a minha vida conforme a regra.

Assistir-me para que eu trabalhe continuamente para vencer a natureza, corresponder à Tua graça, guardar os Teus mandamentos e realizar a minha salvação.

Ajuda-me a alcançar a santidade de vida por uma sincera confissão dos meus pecados, por uma devota receção do

Corpo de Cristo, por uma contínua recolha de espírito e por uma pura intenção de coração.

Revela-me, ó meu Deus, a nulidade deste mundo, a grandeza do Céu, a brevidade do tempo e a eternidade sem fim.

Concede que eu me prepare para a morte, que tema os Teus julgamentos, que escape ao Inferno e, no fim, obtenha o Céu, pelos méritos de Nosso Senhor Jesus Cristo.

Uma Oração da Igreja
Sob Graves Perseguições

Tu rompeste as fontes e os torrentes; tu secaste os rios de Etã.

Teu é o dia, e tua é a noite; tu fizeste a luz da manhã e o sol.

Tu fizeste todos os limites da terra; o verão e a primavera foram formados por Ti.

Lembra-te disto, o inimigo tem reprochado ao Senhor; e um povo insensato tem provocado o teu nome.

Não entregues às feras as almas que a Ti confessam e não te esqueças até ao fim das almas dos teus pobres.

Atenta para a tua aliança, pois os que são obscuros da terra se encheram de habitações de iniquidade.

Não afastes o humilde com confusão; os pobres e necessitados louvarão o teu nome.

Levanta-te, ó Deus, julga a tua causa: lembra-te das tuas afrontas com que o insensato te afrontou todo o dia.

Não te esqueças das vozes dos teus inimigos — o orgulho dos que te odeiam sobe continuamente. (Sl. 73 [74]:15–23)

Oração de São Inácio

Toma, ó Senhor, e recebe toda a minha liberdade, a minha memória, o meu entendimento e toda a minha vontade. Tudo o que sou, tudo o que tenho, Tu me deste, e eu Te darei de novo para que disponhas segundo a Tua boa vontade. Dá-me somente o Teu amor e a Tua graça; Contigo, sou suficientemente rico, nem peço mais nada além disso. Amém.

A Oração da Flecha Dourada

Que o Nome de Deus, o mais santo, mais sagrado, mais adorável, mais incompreensível e inexprimível, seja sempre louvado, bendito, amado, adorado e glorificado no Céu, na terra e debaixo da terra, por todas as criaturas de Deus, e pelo Sagrado Coração de Nosso Senhor Jesus Cristo no Santíssimo Sacramento do altar. Amém.

AGRADECIMENTOS

Aos membros da Fundação Arcebispo Fulton John Sheen em Peoria, Illinois. Em particular, ao Excelentíssimo Reverendíssimo Daniel R. Jenky, C.S.C., Bispo de Peoria, pela vossa liderança e fidelidade à causa da canonização de Sheen e à criação deste livro.

http://www.archbishopsheencause.org

A Phillip Lee, da Diocese Católica de Peoria, pela concessão da permissão para usar a imagem da Sagrada Hóstia na custódia, que foi colocada no altar principal da Catedral de Santa Maria da Imaculada Conceição, em Peoria, Illinois.

(http://www.cdop.org)

À equipa da Sophia Institute Press, pela sua inestimável assistência na divulgação dos escritos do Arcebispo Fulton J. Sheen a uma nova geração de leitores.

http://www.sophiainstitute.com

Às dedicadas pessoas do 'Bishop Sheen Today'. Valorizamos a vossa orientação, apoio e orações na ajuda para partilhar a sabedoria do Arcebispo Fulton J. Sheen. O vosso trabalho apostólico de difundir as suas apresentações áudio e vídeo, juntamente com os seus numerosos escritos, a um público mundial é profundamente apreciado.

http://www.bishopsheentoday.com

Aos voluntários da Sociedade Missionária do Arcebispo Fulton J. Sheen do Canadá: o vosso lema "A menos que as Almas sejam Salvas, Nada é Salvo" expressa a realidade de que Jesus Cristo veio ao mundo para tornar a salvação acessível a todas as almas.

www.archbishopfultonjsheenmissionsocietyofcanada.org

E, por último, ao Arcebispo Fulton J. Sheen, cujos ensinamentos sobre a Paixão de Nosso Senhor e as Suas Sete Últimas Palavras continuam a inspirar-me a amar mais a Deus e a apreciar o dom da Igreja. Que sejamos tão abençoados que possamos imitar o amor do Arcebispo Sheen pelos santos, pelos sacramentos, pela Eucaristia e pela Bem-Aventurada Virgem Maria. Que o Bom Senhor lhe conceda um lugar muito elevado no Céu!

SOBRE O AUTOR

Fulton J. Sheen (1895–1979)

O ARCEBISPO SHEEN, mais conhecido pelo seu programa televisivo popular e sindicado, A Vida Vale a Pena Ser Vivida, é hoje considerado uma das figuras mais reconhecidas do catolicismo no século XX.

Fulton John Sheen, nascido a 8 de maio de 1895, em El Paso, Illinois, foi criado e educado na fé católica romana. Originalmente chamado Peter John Sheen, passou a ser conhecido desde menino pelo apelido materno, Fulton. Foi ordenado sacerdote da Diocese de Peoria na Catedral de Santa Maria em Peoria, IL, a 20 de setembro de 1919.

Após a sua ordenação, Sheen estudou na Universidade Católica de Lovaina, onde obteve o doutoramento em filosofia em 1923. Nesse mesmo ano, recebeu o Prémio Cardeal Mercier de Filosofia Internacional, tornando-se o primeiro americano a alcançar tal distinção.

Ao regressar à América, após um trabalho variado e extenso por toda a Europa, Sheen continuou a pregar e a ensinar teologia e filosofia de 1927 a 1950, na Universidade Católica da América, em Washington DC.

A partir de 1930, Sheen apresentou um programa semanal de rádio aos domingos à noite intitulado 'A Hora Católica'. Esta emissão cativou muitos ouvintes devotos, atraindo, segundo se diz, uma audiência de quatro milhões de pessoas todas as semanas durante mais de vinte anos.

Em 1950, tornou-se Diretor Nacional da Sociedade para a Propagação da Fé, angariando fundos para apoiar os missionários. Durante os dezasseis anos em que ocupou este cargo, foram angariados milhões de dólares para apoiar a atividade missionária da Igreja. Estes esforços influenciaram dezenas de milhões de pessoas em todo o mundo, levando-as a conhecer Cristo e a sua Igreja. Além disso, a sua pregação e exemplo pessoal conduziram muitos à conversão ao catolicismo.

Em 1951, Sheen foi nomeado Bispo Auxiliar da Arquidiocese de Nova Iorque. Nesse mesmo ano, começou a apresentar o seu programa televisivo 'A Vida Vale a Pena Ser Vivida', que durou seis anos.

Durante a sua exibição, esse programa competiu pelo tempo de antena com programas televisivos populares apresentados por figuras como Frank Sinatra e Milton Berle. O programa de Sheen manteve-se firme e, em 1953, apenas dois anos após a sua estreia, ganhou um Emmy Award para «Personalidade Televisiva Mais Excecional». Fulton Sheen atribuiu aos escritores do Evangelho — Mateus, Marcos, Lucas e João — a sua valiosa contribuição para o seu sucesso. O programa televisivo de Sheen decorreu até 1957, contando com até trinta milhões de espectadores semanais.

No Outono de 1966, Sheen foi nomeado Bispo de Rochester, Nova Iorque. Durante esse período, o Bispo Sheen apresentou outra série televisiva, 'O Programa Fulton Sheen', que decorreu de 1961 a 1968, seguindo de perto o formato da sua série 'A Vida Vale a Pena Ser Vivida'.

Após quase três anos como Bispo de Rochester, Fulton Sheen renunciou e foi logo nomeado pelo Papa Paulo VI Arcebispo Titular da Sé de Newport, no País de Gales. Esta nova nomeação permitiu a Sheen a flexibilidade para continuar a pregar.

Outra distinção notável foram as homilias anuais da Sexta-feira Santa do Bispo Sheen, que pregou durante cinquenta e oito anos consecutivos na Catedral de São Patrício, na cidade de Nova Iorque, e noutros locais. Sheen também conduziu numerosos retiros para sacerdotes e religiosos, pregando em conferências por todo o mundo.

Quando perguntado pelo Papa São Pio XII quantos conversos tinha feito, Sheen respondeu: "Vossa Santidade, nunca os contei. Tenho sempre medo de que, se os contasse, pudesse pensar que os fiz eu, em vez do Senhor."

Sheen era conhecido por ser acessível e com os pés assentes na terra. Costumava dizer: "Se queres que as pessoas permaneçam como estão, diz-lhes o que querem ouvir. Se queres melhorá-las, diz-lhes o que devem saber." Isto fazia não só nas suas pregações, mas também através dos seus numerosos livros e artigos. O seu livro intitulado 'Paz da Alma' alcançou o sexto lugar na lista dos mais vendidos do New York Times.

Três dos grandes amores de Sheen foram: as missões e a propagação da Fé; a Santa Mãe de Deus e a Eucaristia.

Ele dedicava diariamente uma Hora Santa de oração diante do Santíssimo Sacramento. Foi de Jesus Cristo que Ele próprio retirava força e inspiração para pregar o Evangelho, e na Sua Presença preparava as suas homilias. "Eu suplico a [Cristo] todos os dias que me mantenha forte fisicamente e alerta mentalmente, para pregar o Seu Evangelho e proclamar a Sua Cruz e Ressurreição," dizia Ele. "Estou tão feliz a fazer isto que, por vezes, sinto que, quando chegar ao bom Senhor no Céu, descansarei alguns dias e depois Lhe pedirei que me permita voltar a esta terra para realizar mais algum trabalho."

As suas contribuições para a Igreja Católica são numerosas e variadas, abrangendo desde a educação em salas de aula, igrejas e lares, até à pregação numa rádio de âmbito nacional e em dois programas de televisão, bem como a autoria de mais de sessenta obras escritas. O Arcebispo Fulton J. Sheen possuía o dom de comunicar a Palavra de Deus da forma mais pura e simples. A sua sólida formação em filosofia ajudava-o a relacionar-se com todos de maneira altamente personalizada. As suas mensagens eternas continuam a ter grande relevância nos dias de hoje. O seu objetivo era inspirar todos a viver uma vida centrada em Deus, com a alegria e o amor que Deus desejou.

A 2 de outubro de 1979, o Arcebispo Sheen recebeu a sua maior distinção, quando o Papa São João Paulo II o abraçou na Catedral de São Patrício, na cidade de Nova Iorque. O Santo Padre disse-lhe: «Escreveste e falaste bem do Senhor Jesus. És um filho fiel da Igreja.»

O bom Senhor chamou Fulton Sheen para casa a 9 de dezembro de 1979. As suas transmissões televisivas, agora disponíveis através de vários meios, e os seus livros prolongam a sua obra terrena de ganhar almas para Cristo. A causa de canonização de Sheen foi aberta em 2002. Em 2012, o Papa Bento XVI declarou-o 'Venerável' e, em julho de 2019, o Papa Francisco aprovou formalmente o milagre necessário para que o processo de beatificação e canonização de Sheen avançasse. O tempo e a data para que a Igreja declare o Arcebispo Fulton J. Sheen santo estão nas mãos de Deus.

Oração pela Canonização do Arcebispo Fulton J. Sheen

Pai Celestial, fonte de toda santidade, Tu levantas na Igreja, em cada época, homens e mulheres que servem com amor heroico e dedicação.

Tu abençoaste a Tua Igreja através da vida e do ministério do Teu fiel servo, o Arcebispo Fulton J. Sheen.

Ele escreveu e falou bem do Teu Divino Filho, Jesus Cristo, e foi um verdadeiro instrumento do Espírito Santo ao tocar os corações de inúmeras pessoas.

Se for da Tua Vontade, para honra e glória da Santíssima Trindade e para a salvação das almas, pedimos que moves a Igreja a proclamá-lo santo. Pedimos esta oração por Jesus Cristo, nosso Senhor. Amém.

Imprimatur: + Reverendíssimo Daniel R. Jenky, C.S.C., Bispo de Peoria

Livros de Qualidade Disponíveis

Através de Bishop Sheen Today

Calvário e a Missa

Vitória sobre o Vício

As Sete Virtudes

O Sacerdote Não é Seu

Missões e a Crise Mundial

VISITE-NOS EM

O BISPO SHEEN HOJE

http://www.bishopsheentoday.com

DEUS AMA-TE

www.ingramcontent.com/pod-product-compliance
Lightning Source LLC
Chambersburg PA
CBHW060753050426
42449CB00008B/1396